中国海洋文化
丛书

美名传世南国仰

——沿海地区的海神文化

陈贞寿 著

中国大百科全书出版社

图书在版编目（CIP）数据

美名传世南国仰：沿海地区的海神文化/陈贞寿著. --北京：中国大百科全书出版社，2018.12

（中国海洋文化丛书）

ISBN 978-7-5202-0421-7

I. ①美… II. ①陈… III. ①神—文化研究—中国 IV. ①B933

中国版本图书馆CIP数据核字（2018）第293761号

《美名传世南国仰——沿海地区的海神文化》

策划编辑：徐世新
责任编辑：程忆涵
责任印制：邹景峰
装帧设计：周旻琪
出版发行：中国大百科全书出版社
社　　址：北京阜成门北大街17号
邮政编码：100037
电　　话：010-88390718
网　　址：http://www.ecph.com.cn
印　　刷：北京美图印务有限公司
开　　本：710mm×1000mm　1/16
字　　数：70千字
印　　张：8
印　　数：1～2000册
版　　次：2018年12月第1版
印　　次：2018年12月第1次印刷
ISBN 978-7-5202-0421-7

定　　价：28.00元

目录

第三章　郑和史迹在福建 / 101

第一章　世界唯一海神文化——妈祖文化

第一节
妈祖文化

　　航海者漂洋过海，难免发生海难，他们需要平安、信心和勇气，传说中的妈祖——海上保护神，很快就成为他们的精神支柱。相传宋莆田林愿第六女林默娘卒后在海上曾屡屡显应、保护海上行旅之人，元封天妃神号，清康熙加封为天后。旧时通海之地，多立庙祀之，有天妃庙、天妃宫、天后宫，俗称妈祖庙。旧中国海军舰船中亦多供奉妈祖神位。妈祖在海上救死救难的精神，实为中华民族传统美德之一。明代中叶，海权废弛，又适逢西方地理大发现时代，妈祖的传说引导人们振兴海权和远航海外。

　　其实，这不完全是传说，虽有一些迷信成分，但"妈祖不是凭空想象的神祇，她的本体是一个实实在在的人，一个勇敢无畏的人"；她的传说"在历史上曾发挥过积极的作用，其中最主要的是对海上交通和开发台湾的影响"。这就是当今世上尤其台湾岛上为何会有如此众多的妈祖

信徒的最好解释，也是今天我们要纪念她的重要原因。

正如徐玉福在《妈祖庙宇对联·后记》中所说的，妈祖信仰是强大的民族凝聚力和向心力，把包括台湾同胞、海外侨胞在内的中华民族儿女紧密地联系在一起，密不可分！妈祖之所以受到如此尊崇敬仰、之所以形成如此惊人的精神力量，首先因为她是一个实实在在的人，具有伟大的人格力量；其次她是民众的保护神，是民众美好善良愿望的光辉化身。一千多年以来，人们崇拜她，纪念她，研究她，传播她的美德，学习她的精神，弘扬她的文化，形成深深的"妈祖情结"。妈祖信仰是海峡两岸乃至世界各地最具影响力的民间信仰之一。

黄国华编著的《妈祖文化》一书，在概述中说得更精彩，他说妈祖信仰的本质是似佛非佛，似道非道，似儒非儒，似巫非巫。反过来也可说是似道似佛，似儒似巫。她折射了古代劳动人民与大自然抗争的一种理想寄托。这样，妈祖就从一种民间朴素信仰，升华为一位千百年来备受崇拜的海上女神……由于妈祖更富魅力，更有人民性，在人类已迈进新世纪的今天，无论在大陆，还是在台湾、香港、澳门乃至世界各地的华人聚居区，民众对妈祖的信仰不仅没有衰退，反而更虔诚，流传得更普遍。实际上这种强烈的平民性观念，才是妈祖信仰久传不衰的关键所在。妈祖信仰真正体现了"四海澄清非帝力，千年灵惠显神威"！

一、妈祖其人其事

妈祖，原名林默，据说，她出生至满月，不闻啼哭声，父亲林愿给她取名"默"字。按闽南风俗，在女孩名后加"娘"字以示尊称，故又称"林默娘"。"妈祖"之称，则是明末僧昭乘《天妃显圣录》中首次提出。

（一）妈祖的生卒年月

妈祖生年有6种说法，卒年有4种说法。一般公认的说法是生于北宋太祖建隆元年（960）三月二十三日，卒于宋雍熙四年（987），一说二月十九日升仙，一般约定俗成的说法是九月初九日升化。由于生卒年月分歧较大，因而关于妈祖的有生之年也说法不一，或27岁，或30岁，一般定说28岁。据说九月初九日下暴雨，林默娘奋不顾身，在海上抢救遇险船民，因风浪太大，不幸被台风卷去。人们不愿承认她遇难而死，认为她已升天变成神女，这一说法广泛流传于民间，反映了人们善良的愿望，只要是济世爱民的人，都会永远活在广大普通民众心里。

南宋木雕妈祖像

此像世传出自异人之手，雕得富于神采，是莆田港里天后祠的珍贵文物之一，为研究妈祖史迹与南宋木雕工艺提供了实物资料，具有保护价值。

　　1984年，林默娘家乡村民根据原式，集资重建天后祖祠。1988年2月竣工的天后祖祠位于港里村，港里古名贤良港，现属莆田秀屿区忠门镇，位于湄洲湾北岸，面对湄洲岛。祖祠最早建于宋代，多次毁坏、重修，目前新修的港里天后祖祠，是一座较为完整的庙宇建筑，包括正门、钟楼、仪门、拜亭、主殿、后殿等。港里天后祖祠是沿海较早建筑的妈祖庙之一，贤良港又是海上贸易交通船舶的停泊港，所以妈祖信徒必先到这里朝拜，湄洲的妈祖信仰也必然首先在港里传播。

御赐圣母金玺

　　湄洲祖庙的御赐金玺，系清道光十九年（1839）朝廷制作颁赐，是祖庙镇宫之宝，金质方形，高5.5厘米，边长10厘米，印文为"湄洲祖庙，天上圣母，护国庇民，灵宝符笈"16个字；边框2毫米，左右镌两龙飞腾，上方中为一圆形，镌"敕封"2篆字，下方为海水波纹。印纽四周镌有"敕赐天上圣母灵宝"大篆8字。湄洲祖庙曾将此玺复制分赠台湾鹿港天后宫和北港朝天宫，均被视为镇殿珍藏。信徒常以瞻仰此玺为荣，并以盖符保佑平安、驱魔逐邪。

港里天后祖祠正殿

港里天后祖祠正殿奉祀的天后像
　　正殿妈祖像为宋代木雕，凤冠霞帔，端然稳坐，面部圆润、端庄、慈祥、秀丽，塑像比例适度，展示了妈祖艺术美和宋代精湛的雕刻艺术水平。妈祖坐像已按原样修复。

受符井
　　港里天后祖祠附近有一个宋代的古井，井边刻着"咸淳丙寅（1266）八月庚辰石匠游进"12字，有人认为这就是"照妆于井""窥井得符"传说中的古井，即"受符井"。

福建湄洲屿妈祖庙

　　北宋太祖建隆元年（960）农历三月二十三日妈祖出生于莆田湄洲岛。

湄洲祖庙升天楼

　　妈祖于宋雍熙四年（987）九月初九日羽化飞升成仙。传说湄洲祖庙升天楼是妈祖梳妆、羽化升天的地方。从此，妈祖信仰远播海内外。

湄洲屿妈祖庙正殿内新塑的妈祖像

（二）妈祖的出生地点

　　妈祖出生地点，根据各种族谱、史料等记载，历来亦有不同的说法，但基本上被公众所接受的有两种说法：一是莆田县湄洲屿；一是该县贤良港，即忠门乡港里村，至今该村尚有港里天后祖祠和祖祠里"受符井"等遗物。

　　最早记载确认妈祖生于莆田县湄洲屿的是廖鹏飞《圣墩祖庙重建顺济庙记》：姓林氏，湄洲屿人。初，以巫事为事，能预知人祸福，众为立庙于本屿。这是宋代的记载。此后，元、明、清的记载多从此说。

至高无上海上保护神——妈祖

湄洲屿妈祖庙正殿——泽施四海

（三）妈祖神话的传说

妈祖神话的传说内容广泛、神奇灵异，反映了妈祖在世时以慈悲为怀、除恶扬善、乐于助人、互助互爱、济世救人的高尚品德和崇高精神。大体上可分为4个方面。现结合中国国家博物馆馆藏的48幅《天后圣母事迹图志》择要分述。

1. 妈祖的身世

妈祖的身世，包括降生、得道和辞世飞升。

这类传说带有浓厚的迷信色彩，把妈祖变成神。如《天后圣母事迹图志》的第二幅图，以"诞天后瑞霭凝香"为题，描述了妈祖诞生的过程。画面上方，观音站在云端，发出一道金光，照射在林家，妈祖的母亲王氏正生下一婴儿，侍女在旁为婴儿洗浴。图左文字说明："宋太祖建隆元年庚申三月二十三日方夕，红光射室，异香氤氲，乃诞天后，为惟悫公第六女也。"

诞生

《天后圣母事迹图志》第三幅图"窥古井喜得灵符"画面中，描述了妈祖与众姊妹到野外游玩时，发现一座古井，从井中出来一位神人，捧着铜符，传授妈祖法力。图左文字说明："后年十六岁时，与诸女游。照古井忽现神人，捧铜符一双，上有仙官拥护，群女骇奔，后受之不疑。自此法力玄通，常得神游方外。"妈祖得铜符后，潜心研究，学得一身法术，灵通变化，为人治病，驱鬼避邪，开始巫女生涯。这也就是《天后本传》所说的"窥井得符"。

得道

妈祖生前未婚，"年及笄，誓不适，即父母亦不能强其醮"。妈祖生年较短，传说在她28岁那年九月八日，她说："明日重阳，我欲登高，暂离喧扰尘寰，特先告别。"翌日，默娘盛装告别，说："此次登高，云程万里，诸位姊妹，请勿同往。"临行依依，登上湄峰后，如履平地，眨眼间升入云端，乐声响，仙神迎，奔往天际。《天后圣母事迹图志》中"证仙班九日升天"图描绘了妈祖上山升天的情景，妈祖年轻而殁是真，登山升天是假，这只是一种神话传说而已。

辞世飞升

2. 妈神海上救生、济世助人的故事

这类题材是妈祖传说中的主要部分，反映了妈祖行善济世、淳厚仁爱的品德，也表达了人们解脱苦难的善良愿望。这一类传说妇孺皆知，流传范围极广。如《游魂救父》《掷草救商》《祷雨》《圣泉救疫》《济世泉饥》，等等。其中《游魂救父》是在诸神话中都提到的故事。

"破惊涛遂救严亲"

妈祖是一位孝敬父母的女子，有一天她帮助母亲织布，忽觉困倦，伏机而睡，在梦中看见海涛汹涌、巨浪滔天，突然发现有一只船摇摇欲坠，船上水手已经翻落水中，她一看原来是父亲及两个哥哥，妈祖急忙跳入海中，用嘴咬住父亲的衣服，两只手各抓住两个哥哥的手，奋力向陆地游去。途中忽然听到母亲的呼叫声，妈祖回应，不料两只手一松，两个哥哥掉在海里。妈祖从梦中惊醒而泣曰："父得保全，兄已没矣。"

救父失兄

掷草救商

"草化木垂救商舡"

《天后圣母事迹图志》第八幅图绘有妈祖掷草化为大木、搭救商船的情景，有的书叫"掷草救商"，是说湄洲"屿西有山曰门夹，当港口出入之冲，石多礁错杂。有商舟渡此，遭风舟冲礁浸水，舟人哀号，众莫敢前"。妈祖"乃掷草数根，化成大杉排驾至前，舟因大木相附得不沉"。《天后本传》中也有"拯救商船"的记载，内容相同。

"祷苍穹雨济万民"

《天后圣母事迹图志》第十幅图绘有莆田地区遭遇大旱，村民抬着妈祖像游祭，祈求降雨的情形。图右上角表示妈祖在天上显灵、诵经施法，远处圆圈内有雷公播雨的情景。文字是说，妈祖21岁时，莆田大旱，父老乡亲皆说非请神姑不能解决。县尹就亲自前往请求，妈祖答应，拟定壬午申刻下雨。到期，果然大雨降临，是年秋天遂获丰收，

祈雨

百姓欢呼称颂妈祖之德。《天后本传》则绘图说是"片云致雨"。台湾则称妈祖为"雨妈""过水妈",传说每年三月二十三妈祖生日这一天清早,人们必须三拜九叩,向妈祖祈雨,当年此时天必下雨,农业才获得丰收。

"莆田尹求符救疫"

传说妈祖又是驱疫之神,人们有病驱疫都要去祈求她。《天后圣母事迹图志》中就绘有莆田府尹率众人求妈祖驱疫的情景,"妈祖乃取九节菖蒲、书符贴,并煎饮之,立瘥。自此传遍寰中矣"。这也就是其他书所说"菖蒲救人"。

菖蒲救人

"示白湖凿泉疗疫"

《莆田县志》说,绍兴年间,"其年疫,神降于白湖,去湖尺许,掘坎涌泉,饮者辄愈。存封昭应崇福"。在《天后圣母事迹图志》中第二十四幅图"示白湖凿泉疗疫",也说妈祖是驱疫之神。

莆田白湖等地瘟疫流行,官民无法,只能祈求妈祖。妈祖从空而降,告诉众人挖泉,泉水可治疗瘟疫。文字说明:"宋孝宗乾道二年(1166)春大疫,神降于民李本家,言曰:'白湖旁可凿泉,得饮以除疫疾。'果然泉味清冽,饮如甘露,朝吸而夕瘥焉。人感回生之功,甃为井,号曰圣泉。"

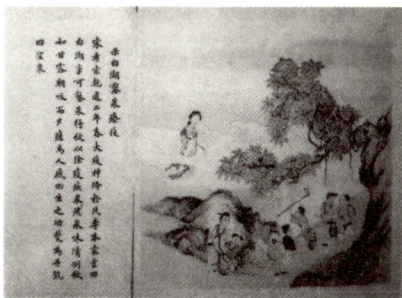

圣泉救疫

《天妃庙记》亦有类似记载:"乾道三年(1167),兴化大疫,神降曰:'去庙丈许有泉可愈病。'民掘斥卤,甘泉涌出,饮者立愈。"记载基本相同,只是时间相差一年。

"示米艘兴泉免饥"

《天妃显圣录》载:宝祐改元癸丑(1253),莆(兴化府)与泉(泉州)大旱,谷价腾涌,民饥困费支,老少朝夕向祠前拜祀。时有广商粮船拟上浙越,偶一夜托梦广商,可到兴泉获利,遂载入兴泉,南艘辐辏,米价反平,民借以不饥。这就是一般所说的"济兴泉饥"。

托梦济饥

3. 妈祖降魔除妖的传说

这类传说是描述妈祖不畏强暴，勇于与邪恶势力做斗争，抑恶扬善，不屈不挠。如"收服晏公""收服二怪"。

在《天后圣母事迹图志》中亦有类似的描述。

"投法绳晏公归部"

晏公是什么人？据史料记载："时毗陵为张士诚之将所据，徐达屡战不利，太祖亲率冯胜等10人往援，扮为商贾，顺流而下，江风大作，舟将覆，太祖惶惧乞神，忽见红袍者挽舟至沙上。太祖曰：'救我者谁也？'默闻曰：'晏公也。'"及定天

收服晏公

下，"太祖乃封其为神霄王府晏公都督大元帅，命有司祀之"。后来，被妈祖制伏，当了天后的总管。《天后圣母事迹图志》第十三幅图"投法绳晏公归部"，就是描绘妈祖收服晏公的情景。

收服二怪

"破魔道二嘉伏地"

嘉应、嘉佑是二魔，有时在荒野中、有时在巨浪中为害。当客舟中流时，则现赤面金装，在船前鼓跃，妈祖乃变宝舟，嘉佑则弃客舟而来到妈祖舟，妈祖念咒压之，嘉佑遂惧服。嘉应从山路侵犯妈祖，妈祖则拂尘霾，任其跳跃，终不离原地，遂惧怕而逃，因其魔心未净，后岁复作，乃得归正。

另说："后念嘉应未归正道，定为妖孽，乃化一舟乘之，应见即冲潮登舟，坐于梅前，及岸。后见立船头，应乃仓皇请宥，并收为将。"这就是一般所说的妈祖"收服二怪"。

"临海沸法驱二孛"

这是描述妈祖高悬云端，使二将驱赶二龙，岸边众人观望之情景，生动地描述了妈祖驱逐海怪的故事。

"演神咒法降二将"

这是描述妈祖收服千里眼、顺风耳两将的过程。

收服二龙

有关千里眼、顺风耳的传说甚多，最早传说殷纣王有两个神武的兄弟，一名高明，能眼观千里，故名千里眼。一名高览，能耳听八方，故称顺风耳。当周国和殷国打仗时，周国乱敲金鼓，顺风耳的耳失去作用；周国又大张旗幡，千里眼的眼也不能发现周兵，两人战死，但灵魂未死，游荡于桃花山上，兴风作浪，无恶不作，后来被妈祖降伏，充当妈祖的助手和护卫。

收服千里眼、顺风耳二将

"草弹章托梦除奸"

托梦是妈祖显圣的一种重要形式，从中国妈祖庙的兴建历史，可知最早的妈祖庙都是因妈祖托梦而建立的。妈祖与恶势力的斗争，也有出现于托梦的传说中，以沟通神与信徒的联系。《天后圣母事迹图志》中"草弹章托梦除奸"图，所绘就是妈祖托梦却敌的斗争形式。

4. 妈祖护佑朝廷使节、漕运，以及助战逐敌的神话

妈祖护佑朝廷使节的神话很多，其中以路允迪出使高丽最为突出："宋路允迪、李富从中贵人使高丽，到湄州，飓风作，船几覆溺，忽明霞散绮，

托梦却敌

描绘嘉靖年间，严嵩当国，朝政不修，吏治腐败，严嵩父子骄奢淫逸，贪得无厌，陷害忠良。御史林润拟上疏弹劾，妈祖托梦给他："本上必准。"后果应然。

见有人登樯竿旋舞持柂甚力，久之获安济。中贵人诘于众，路允迪、李富具列对南面谢拜曰：'……保君纶不辱命者，圣明力哉，亦妃之灵呵护不浅也……'还朝具奏，诏封灵惠夫人。立庙于湄洲……"又程瑞学《天妃庙记》载：宣和五年（1123），给事中路允迪以八舟使高丽，风溺其七，独允迪舟见神女降于樯而安济。事闻于朝，赐庙额曰"顺济"。《天后圣母事迹图志》中，也有妈祖护佑朝廷的神话。

"波涛中默佑漕舡"

妈祖到宋代成为海神，到了元代仍是海上保护神。元建都于大都（北京），需要的粮食必须仰仗于江南，每年要从南方运粮300万石。运河投资大，又多年失修，运力深感不足，漕运由河运改为

护运漕船

海运，但海上风险大，为防止海难发生，只能求助于海神妈祖。"波涛中默佑漕舡"图就是描绘元天历元年（1328）九月时，有一只漕船在海上遇险，妈祖立于云端，使漕船转危为安的情景。

护佑郑和脱险

"闻鼓吹郑和免险"

到了明初，天妃有护海运舟之功，洪武五年，封孝顺纯天孚济感应圣妃。永乐年间，郑和七下西洋，经过大洋时，"舟将覆和默祷空中，俄闻天乐浮空，宛见神立桅端，风平浪静。归朝复命，奏上，奉旨遣官致祭"。永乐五年（1407），郑和下西洋归来在南京兴建天妃宫，此后出使琉球、暹罗、爪哇、满刺加等国，"以祭告为常"。永乐七年郑和经锡兰山国，其王亚列苦奈儿负固不恭，谋害舟师。"神助而擒其王"，神即海神妈祖。《天后圣母事迹图志》中"闻鼓吹郑和免险"图，就是描述郑和于永乐元年（1403）遇险得救的情景。

"救柴山坠水再生"

妈祖护海救护郑和次数最多，上述只举一例，但护海之功，不限于护送郑和舟师。《天后圣母事迹图志》中的"救柴山坠水再生"图就是描绘明洪熙元年（1425）大臣柴山在海上遇难，得到妈祖营救的情景。

护佑大臣坠水再生

"拥巨浪舟楫无虞"

这是《天后圣母事迹图志》下册第十二幅图"拥巨浪舟楫无虞"，描绘妈祖保佑明朝战船的情景。说的是明洪武七年（1374）泉州卫指挥周坐领战船哨捕遇风搁浅，船上人环泣呼救，忽见神火荧煌，不久巨浪荡浮，送船达港。周坐即在泉州建妈祖庙以报德。

保佑战船

"解军渴涸井流泉"

这是《天后圣母事迹图志》下册第十九幅图，描述了清康熙二十一年（1682）十月靖海侯施琅率战船多艘驻扎在莆田县的平海，缺乏饮水，妈祖神示后，才得到

充足饮水的情景，至今当地还留有"师泉"井，为当地著名的古迹之一。《敕封天后志》所称的"井泉济师"，指的也是这件事。左边文字说明："康熙二十一年十月，靖海将军侯施奉命征剿，师屯平海，地多斥卤，樵汲维艰，惟神宫前一小井，炊爨弗继，将军求祷之，而清泉泛溢不异，耿恭拜井之奇，爰勒曰'师泉'作志以著灵显。"

井泉济师

"赖神功澎湖破贼"

这是《天后圣母事迹图志》下册第二十幅图，描绘了清康熙二十二年（1683）六月，施琅将军奉命征台，路过澎湖，崔苻窃据要津，难以径渡，施琅严饬号令进兵。传说士卒舟中咸谓恍见神妃如在左右。后澎湖收复肃清报捷，平海人入天妃宫，咸见天妃衣湿，左右二神将手起泡，观者如市，方知即是神灵阴中默助之功。台事毕，奏神功，钦差礼部郎中雅虎等，赍御香帛至湄洲祖庙致祭，并特封为"护国庇民妙灵昭应仁慈天后"，时为康熙二十三年（1684）甲子。

澎湖破贼

"赴琉球阴护册使"

这是《天后圣母事迹图志》下册第二十二幅图，描绘妈祖保护清朝大臣汪楫出使琉球的画面。图左文字说明："康熙二十二年，钦差汪楫、林麟焻等册封琉球。六月二十日谕祭天后于怡山院。是时东风正猛，不意行礼甫毕，而南风三昼夜，直达迎恩亭。琉球骇为飞渡，复命奏请春秋祀典。"

阴护册使

"平台匪敬答神庥"

这是《天后圣母事迹图志》下册第二十四幅图，描述台湾朱一贵聚众举事，清军征战不克，后请妈祖神助，才把战事平定下去。图左文字说明："康熙六十年（1721），台匪朱一贵乱，提督蓝六

平定台乱

月兴师，十六日攻鹿耳门，克复安平镇，及潮退之际，海水加涨六尺，各舟直入，贼惊骇奔逃，台地悉平，奏请赐赠匾联，并追封先代。"

朱一贵（1689~1721），福建长泰人，小名祖，明亡后迁居罗汉门（今台湾高雄旗山镇），以养鸭为生。康熙六十年（1721），因知府王珍税敛苛虐、滥杀无辜，遂率众起于凤山罗汉门，诈称朱明后裔，号称"大明重兴元帅"，各地纷起响应。在诸罗的赤山取得大胜，旋杀清总兵欧阳凯，人数发展到30万，陷府城，占全台，称中兴王，年号永和，封官爵，封国师、太师、国公等无数。清政府从闽浙调兵渡海进攻，朱一贵战斗失利，被俘于诸罗（今嘉义）沟尾庄，槛送京师遇害。

满族是中华民族的一个重要组成部分，满汉都是一家。清政府是当时中国的中央政府，台湾又是中国不可分割的领土，属福建省的一个府，叫作台湾府。清朝皇帝为了国家主权和领土完整，反对分裂，出兵平定，无可非议。朱一贵起事可以说是"官逼民反"。只有实行民族平等，惩治各级官吏贪污巨敛、腐化堕落，废除对人民的横征暴敛和苛捐杂税，勤政爱民，处处为广大人民谋利益，才能长治久安。

第二节

妈祖信仰的传播

妈祖信仰的传播由湄洲沿海北上南下，再由沿海向内陆发展，其标志是各地信徒建立的妈祖庙（或天后宫、天妃宫……）。除各海口、码头、内河岸埠外，东南亚、南北美、日本、朝鲜、新加坡以至全世界有华人聚居的地方都有妈祖庙。所以妈祖成为国际性、世界性的信仰，其中闽台两地最多。各地的妈祖庙都以湄洲的妈祖庙为祖庙。

全世界究竟有多少妈祖庙呢？

《近代福建社会掠影》中记载，全世界华侨聚居地建有天后宫（妈祖庙）不下千座。

黄国华编著的《妈祖文化》记载：福建全省共有806座，广东历史上全省至少约有250座妈祖庙，其他各省该书都有详细数字，总和远远超出千座。

《妈祖庙宇对联》序作者林文豪说：据不完全统计，目前全世界约有二千五百座妈祖庙，祖国大陆按清末的地方志资料统计约一千二百座，今建筑物尚存并有香火的约

五百座，台湾省据1987年报刊公布的统计资料说超过八百座；港澳地区五十七座；外国有一百三十五座，分布在日本、韩国、泰国、越南、柬埔寨、缅甸、文莱、新加坡、马来西亚、印尼、印度、菲律宾、美国、法国、丹麦、巴西、阿根廷十七个国家。林文豪系福建莆田市湄洲天后宫祖庙董事会名誉董事长，其统计资料极具权威性。

《妈祖庙宇对联》作者徐玉福则认为：据最新有关资料统计目前全世界信奉妈祖的信众约近三亿，妈祖庙宇估计在一万座左右，其中台湾、福建占一半，香港、澳门约二百座，大陆其他省市三千至四千座，国外一千多座。徐玉福是为了搜集妈祖庙的对联，亲自进行实地调查并从互联网上得到各方支持，从而取得巨大成果。

一、传播八闽

妈祖信仰源于莆田湄洲岛，据不完全统计，福建全省共有妈祖庙806座。莆田占三分之一多。福州、长乐、福清、平潭、霞浦等沿海地区都有妈祖庙，而漳、泉等地更为普遍。据《近代福建社会掠影》中陈咏民所写《妈祖信仰源自大陆——海峡两岸的天后宫》一文及插图，福州妈祖宫始建于南宋，原址在水部门城垣下。明代在河口湾里另建了一座。城内、南台有四十多座，同乡会馆亦奉祀妈祖婆婆。我

安海朝天宫（1930年摄）

国沿海各地尤其闽台两省沿海渔村和城镇多建有天后宫（妈祖庙），甚至连远离大海的山区县，也有不少天后宫（妈祖庙）。

晋江市安海朝天宫，俗称"妈祖宫"，位于"海埔"。原建于海边小岛上，昔时四周均有海水环绕，形成"海吐珠宫"胜景。《安海志》载：原有"三落一船亭""日极沧浯远近舟"。匾曰"神山观"，谓若海上三神山也。随潮汐浮沉，天造地设。宫前石坊前镌"山海壮观"字样。有一组安海风光照片为1930年初拍摄，其中一幅为"朝天宫"，这是仅存的一幅安海朝天宫的历史照片。可见前后三座大殿，殿前有三座山门，还有东西配殿，祀二十四司，规模宏敞，俨然一大佛刹。因年久失修，已有部分倒塌。1938年5月13日，朝天宫被日机炸毁，死宫中尼姑两人。从此，"海吐珠宫"胜景消失了。

上杭天后宫

浯埔天妃宫

　　亦称泉州南门天妃宫。在今泉州市鲤城区天后路一号。

　　陈咏民同志说，"泉州天后宫，是国内外所有港口所建妈祖庙中规模最大的一个"，这值得商榷，主要是作者没有指出年限。《妈祖文化》记载：松山天后宫，亦称澳尾宫、阿婆宫、妈祖宫、妈祖庙，曾称清海宫，位于松山澳尾的洄澜岸口上的福宁湾，建于北宋天圣年间（1023~1032），与湄洲扩建祖庙同年，比公元990年海商三宝创建祖庙迟30多年，比泉州天后宫（建于1196年）和莆田白湖顺济庙（建于1157年）都早100多年，是福建境内仅次于湄洲祖庙的第二大天后行宫。由此可知，松山天后宫比泉州天后宫更早更大。

　　当然，泉州自唐代以来，海外贸易繁盛，有"东方第一港"之称。莆田、仙游二县北宋初原隶属于泉州，宋太平兴国四年（979）才隶于兴化军，故泉州人自称"妈祖一半是泉州"。据《泉州府志》记载，泉州建有许多妈祖庙，其中浯埔是中外商船的停泊地，宋庆元二年（1196）浯浦海潮庵僧觉全，梦神命作宫，乃由里人徐世昌建天妃宫，宫号顺济。此宫规模颇大，有三殿、山门、两廊、两亭，甚为壮观。

　　《元史》称天妃为"泉州神女"。可见，泉州在天妃信仰传播中的作用和地位。此宫历朝屡修，后毁坏。1984年泉州文物管理委员会主持修建大殿、恢复旧制。1990年台湾同胞捐资重塑天后金身，重建山门。同时还修复了戏台、钟鼓楼、东西两廊及两轩、寝殿和左右斋馆等建筑，并续建梳妆楼。此宫素有"温陵圣庙"之称，是海内外建筑年代最早、建筑规格最高、规模最大的天后宫之一，也是被国务院审定公布为全国重点文物保护单位的天后宫。正殿大门对联有三：

　　其一："顺风天意涉川利，济险神功佑国灵。"

　　此联悬于正殿大门两旁，下款"台湾省彰化县议会议员施长溪敬献"。

　　其二："晋水溯源流，泉鹿人文同一

1935年维修后的永定西陂天后宫

脉；湄洲传灵迹，闽台香火并千秋。"

此联悬于正殿大门两旁，下款"鹿津施文炳"。

其三："大海茫茫，到无岸无边，观于天，天高在上；

飓风发发，正可危可惧，徯我后，后来其苏。"

此联悬于正殿大门两旁，上款"乙亥重阳吉旦重录清泉州天后宫旧联"，下款"台湾高雄侯铭赞敬献里人黄泽民敬书"。原联作者张南山。

由正殿大门进入正殿，尚有许多对联，其中，清泉州知府徐汝澜作的一联为"德配坤维，鲸波水息；恩涵海甸，鳌殿常新"。镌于正殿内柱，上款"嘉庆乙亥嘉平之月析津徐汝澜敬题"，下款"道光二十五年吉日宁福郊重修"，较为古旧，其余多为当代历史学家题刻。

龙岩新修天后宫

福建内地山区也出现对妈祖的崇拜，妈祖信仰遍及闽西。据载：龙岩早就有天后宫，如黄坑、东岗、赤水、南桥坂、东桥坂都建有天后宫，除赤水天后宫仅存外，其余均废圮。

闽西第一座天后宫，不是龙岩天后宫，而是汀州天后宫。汀州天后宫始建于南宋末，距今700多年。汀州素有"上河八百，下河三千"之称，为祈求水上往来安全，汀州先民把妈祖神灵从莆田迎到了长汀城。至今，汀州仍保留数十座妈祖宫庙。

远在武平县的太平山，也有一座妈祖庙，香火经久不断。

闽西永定有西陂天后宫。因永定的条丝烟远销东南亚各国，经营者漂洋过海、吉凶难卜，尤寄望于海神天后娘娘的庇佑，因此永定沿河各乡镇普遍修建"天后宫"。据查永定境内建造的天后宫多达39座，其中，以西陂宝塔式7层建筑的天后宫最为著名，全国类似的仅有3处，其中北京、苏州各有1座，均已崩塌，唯独这里的幸存。

黄国华说西陂天后宫的创建人林祥瑞系永定乡绅，富甲一方。其养子林大钦是明嘉靖十一年（1532）丙辰科钦点状元。父子双双希冀仕途腾达、福荫后裔，乃合计营造西陂天后宫，经奏请嘉靖皇帝恩准后，按照北京文塔形式规模，于明嘉靖二十一年（1542）动工兴建，至清顺治十六年（1659）落成。后又进行过3次较大维修、扩建。

顺便一提，漳平花乡永福是闽西一大集镇，又是去往闽南的东南门户。这里有较具规模且香火兴盛的三座天后宫，相距只四五千米，较为著名的有号称"燕溪毓秀"的花乡妈祖宫。而寻常百姓在家中设炉、敬奉妈祖的则难以计数。

二、向北传播沿海省市

（一）闽、浙、江南妈祖信仰

自南宋开始，妈祖信仰逐渐北上。据载：温州、瑞安、平阳、临海、镇海、海宁、鄞县（宁波）都有顺济、灵慈、天妃宫的记载。杭州则有艮山祠（顺济庙），传说有一次钱塘江大潮决堤，潮水涌至艮山祠前而退，人们立即筑堤保住了杭州城，幸赖妈祖神灵显应。上海、镇江也有南圣妃宫、天妃宫的记载。江苏吴县（苏州）至刘家港之间，有大庙宇23座，其中吴县（苏州）天妃宫建于元泰定四年（1327），规模首屈一指。太仓的天后宫，旧名灵慈宫，元至元二年（1265）建，据说是元代一座具有代表性

江苏太仓刘家港天妃宫

的妈祖宫。明永乐年间（1403~1424），郑和、王景弘出使西洋归国后，在南京建天妃宫，祭祀天妃，并于永乐十四年（1416）立天妃宫碑，记述建立天妃宫的缘起及其下西洋的一些史实。

随着南北漕运的发展，妈祖成为南北漕运的保护神。妈神信仰进一步由南向北迅速传播。

特别一提，绍兴天后宫原有50多处。普陀山的福泉庵原名就是天后宫。

（二）山东妈祖信仰

在山东沿海地区，也有许多妈祖庙，其中以蓬莱阁及长岛县的庙岛最为著名，当地都有不少传说。

笔者曾于多年前亲自到山东考察并在蓬莱阁等地留影纪念。青岛、烟台都有天后宫，烟台的天后行宫又称为福建会馆，在芝罘湾畔，由福建船帮兴建。

蓬莱阁天后宫位于蓬莱市城北丹崖山巅，始建于北宋嘉祐年间，占地面积19000平方米。

蓬莱阁天后宫有两副对联：

其一："英风远届江天外，神德长垂泽国

漕运保泰圣迹图

元至顺元年（1330）粮船遇风，樯倾楫摧之时官吏祈祷天后，言未已，恍见空中有朱衣翠盖飘至舟前，遂风平浪息。

中。"此宫原名灵祥宫，历元明屡赐碑额。

其二："祐一方潮平岸阔，护环海风正帆悬。"

庙岛显应宫俗称娘娘庙，位于山东长岛县庙岛（古称沙门岛）上。北宋宣和四年（1122）由福建船帮集资兴建。明崇祯元年（1628）左都督杨国栋奉旨扩建。后多次重修，形成四合院式的古建筑群，占地90多亩。正殿原存有元代壁画和铜鼎，以及300多条古代船模，后殿尚存宋铸天妃坐像和青铜穿衣镜及爵鼎等祭具，为全国所仅见。1983年此宫辟为长岛航海博物馆。

庙岛显应宫有两副对联：

其一，为明洪武年间镌刻："救父海中，浑身是铜墙铁壁；警心梦里，夙世有慧业灵根。"

其二，为沈鸿烈（原东北海军司令）于1928~1933年驻岛时所撰，刻石于庙："海上息鲸波，从此风调雨顺；山中开贝阙，应知物阜民康。"

庙岛显应宫（娘娘庙）每逢七月七日必办盂兰盆会。福建船帮在此聚会，热闹非常，当地对此有不少传说。

蓬莱及庙岛位置示意图

笔者身后即蓬莱阁

蓬莱阁正殿

小蓬莱

天津直沽天后宫

牌坊后面为前殿、正殿、凤尾殿、藏经殿、后殿（启圣祠），以及分列南北的钟鼓楼、配殿、张仙阁等。占地5352平方米。牌坊正面有匾额"海门慈筏"，木刻蓝底楷书金字。背面匾额"百谷朝宗"。前殿正面有匾额"三津福主"，木刻黑底金字，系天津道副使薛柱门所献。

（三）河北、天津妈祖信仰及世界三大妈祖庙

过了山东进入河北省。河北的山海关、北戴河的老虎石、秦皇岛、金山嘴山岗都建有天后宫。天津天后宫元泰定三年（1326）重建。津门原有16处，其中直沽天后宫为最大。

据说广东有一个大古董商，带着价值连城的货物乘船北上，船到黑水洋岸遇到风浪，把桅杆刮断了，船只即将翻覆。这时富商哀告上苍，祈求保命，一旦保住性命，日后一定修庙宇。这时忽然眼前一片光明，抬头一看，有一位神女站在船头，伸出手臂，向天空挥了几下，风浪立即平静下来，随即神女不见了，富商又惊又喜，认为是娘娘救了他们，古董商到了天津直沽后，出资修建了娘娘庙宇。

这座庙宇几经重修扩建，"文化大革命"期间遭到严重破坏。1985年1月对其大修。此宫与福建莆田湄洲妈祖祖庙、台湾北港朝天宫并称为世界三大妈祖庙。

北港妈祖神像在爆竹声中起驾绕境情形

1922年的湄洲妈祖祖庙太子殿

今日湄洲妈祖祖庙

经过大修后，今天的湄洲天后宫已成为世界三大妈祖庙之一。

台湾云林县北港镇的朝天宫是全台湾香火最盛的庙宇。也是世界三大妈祖庙之一。

该庙建于康熙三十年（1691），几次改建，几次重修，在台湾地区有重要地位。妈祖神像是从湄洲祖庙分灵来的，再从北港分灵已传到世界上26个国家和地区，可见妈祖在世界上的影响之大。信众每年三月二十二日都要抬着妈祖神像绕境，各户房门大开，迎神求吉，投掷鞭炮，习以为常。次日大甲镇妈祖回娘家，使北港朝天宫祭祀活动达到最高潮，热闹非凡。

传说同治元年（1862），发生戴万生事件，嘉义城被围，变民欲攻打北港，人心惶惶，纷纷去祈求妈祖神灵，妈祖书"战吉矣"，北港人团结奋战，终获胜利，仅伤二三十人，而变民则死伤数百人之多。

1922年的湄洲妈祖祖庙御赐亭

1922年的湄洲妈祖祖庙

（四）辽宁妈祖信仰

过河北再北上进入辽宁省。辽宁的沈阳、丹东、大连、旅顺、营口、辽阳、庄河等地均有天后宫。锦州天后宫创建于雍正三年（1725），建筑材料是由福建茶商运来的。宫内有二十四孝壁画，并保存有清嘉庆十年（1805）铸造的铜钟。

锦州妈祖祭祀大典

东沟大孤山天后宫建于乾隆年间。宫内原供有数十艘船模。

金县天后宫建于乾隆五年（1740），是山东船户修建的，又名山东会馆。

兴城天后宫于光绪二十三年（1897）重修。宫内有描绘海神传说及海运情况的壁画，并保存有一座光绪六年（1880）铸造的铁钟。

辽宁锦州天后宫

（五）京师妈祖信仰

妈祖信仰在北京也有一定的地位，多为商人、漕运业所信奉。北京通县运河边有两座妈祖庙。北京东便门外通惠河上大通桥边也曾有一座妈祖庙。这是当时从事漕运者建立的，建于元代，是北京最早的妈祖庙。

福建商人在北京修建的工商会馆（又称行馆），如延邵会馆、建宁会馆等，馆内开辟有妈祖神殿，供祀妈祖。

（六）东北江河航线妈祖信仰

东北江河航线，如鸭绿江、松花江、黑龙江、乌苏里江、图们江上航行的船舶舱内，大都供奉妈祖神像，奉为保护航行之神。

三、从莆田沿海岸线向南方传播

惠安、东山、龙海、云霄、同安、漳浦、诏安等处，都建有天后宫。其中东山天后宫有4处，一在水案前，一近乌颈，一位于东门外，一附关帝庙右边，均建于明代。

康熙朝《诏安县志》卷八载：悬钟天妃宫凡十所，唯此居第七，最灵应。倭寇陷

城，诸庙俱毁，独此见梦，贼惧得存。

（一）广东妈祖信仰

南过诏安便进入广东汕头。

据方志记载，广东省从沿海、沿江到内地共有75个县、市，先后建有妈祖庙共191座。若加上民间散建的至少有250座妈祖宫庙。宋刘克庄前往广东赴任，其家书说：“广人之祀妃者不亚莆田人。”

这是与莆田相邻的仙游度尾南潮宫，中祀妈祖。

汕头的放鸡山、南澳岛均建有天后宫。佛山、仁化、英德、乐昌、澄海、海丰、廉州、东莞、潮州等地都建有天妃宫庙。特别一提，在广东深圳蛇口以西的赤湾，发现南宋赵昺皇帝陵墓，在陵墓附近有座天妃庙。据说南宋亡国之君尸首漂流到赤湾，该日天妃庙的大梁突然落地，人们就以天妃庙大梁做成棺材，葬赵昺于南山。

赤湾海景

在崩塌的天妃庙原址上后人重新修建了天后古庙，形制更加恢宏美观。

明嘉靖《广东通志》中的《政事志》记载，广州府天妃庙在归德门外五羊驿之东。清康熙《番禺县志》卷九《祀典项》载：天妃宫在五仙门内，莆田林氏女……明洪武元年（1368）征南将军廖永忠建。敕加圣号，春秋二仲癸日，有司往南海神致祭。廖永忠当年与汤和平定福建之后，又与汤和率军由海道进攻广东，那时他所建立的祠庙极受广东人民群众的爱戴和信仰。据载，廖永忠所建祠位于五羊驿左。“凡下洋造船，别为一小舶如制，置神前，覆溺倾欹，兆必先见。遇颠危虔祷，即有火集桅上，或江鸥一只，舟可无虞。”

赤湾天妃庙崩塌前的正门

赵昺陵墓被深圳市列为文物保护单位

赵昺陵墓（在深圳南山）

南宋最后一位皇帝赵昺童子神像

新建的天后古庙正门

正殿祀妈祖神像

新建的钟楼

广州的地方志亦有此记载：

天后宫，在归德门外五羊驿东，明洪武元年（1368），征南将军廖永忠建。康熙五十九年（1720）重修。天后，自宋封"顺济昭灵应惠夫人"，元至元二十五年（1288）加封"南海广祐明著天妃"，明封"护国昭孝纯正灵应孚济圣妃"，康熙十九年封"护国庇民妙灵昭应宏仁普济天后"，乾隆二年（1737）加封"福祐群生"，二十二年加封"诚感咸应"，丁酉年（乾隆四十二年）平台湾林逆，又加封"显神赞顺"。

每岁春秋仲月上癸日致祭天后庙，祭品未有定例，礼仪与文昌庙同。支祭品银一两八钱，在地丁项下动支。

上文丁酉年即乾隆四十二年（1777）似误记，应为乾隆五十二年（1787）丁未年。

天后古庙内院妈祖塑像

2009年农历三月二十三日是妈祖诞辰，由南沙区旅游局、南沙天后文化学会、南沙技术开发总公司共同主办以弘扬妈祖文化为主题的"广州南沙妈祖诞辰文化旅游节"，在南沙天后宫隆重举行，参加信众达10万多人（包括港澳台近万信徒）。

汤和像

南沙大角山的天后宫，据云是目前全世界规模最大、建筑造型精美、最为壮观的天后宫。

妈祖诞辰文化旅游节是在6位嘉宾敲响重1.5吨、直径达3米的大锣中开幕的，2条28米的长龙、40头威猛南狮的表演，令现场气氛达到高潮。

旅游节举行祭祀妈祖仪式盛典，按照习俗，祭祀活动是从数百名当地渔民中选

五仙门旧址
　　左侧楼房为五仙门发电厂（基址即廖永忠所建五仙门天妃宫故地）厂房外围建筑（今越秀区沿江路）。右侧为珠江及海珠桥。（何伟、蔡美容摄赠）

广东揭阳乔林天后宫

清代广州城

建于越秀山南麓三元宫内的天后宝殿

参加祭祀妈祖仪式的男女身穿"大襟衫"

广州南沙天后宫
　　前身是南沙鹿颈村的天妃庙，1996年由霍英东先生捐资重建。

八卦花坛
　　南沙天后宫的八卦花坛，有12头身着彩妆、神态各异的"金牛"围了花坛一圈。八卦型花坛代表阴阳乾坤，而12头金牛绕八卦花坛转一圈，寓意"牛"转乾坤，百姓生活越来越"牛"。

拔出16名成年男子和9名成年女子，穿上珠江口渔民传统的"大襟衫"，进行祭祀巡游活动。

（二）海南妈祖信仰

从广东到海南省，据《崖州志》《琼州府志》载：崖州、琼州、澄迈、安定、文昌、会同、乐会、临高、儋州、昌化、万州、陵水、感恩等县均建有天妃庙。

西沙群岛古称"七洲洋""千里石塘""千里长沙"，有大小岛屿二十余个，都是珊瑚礁所构成，属海南省崖州陵水县管辖。中国渔民常年前往捕鱼，并在各岛搭盖棚屋栖止。1909年4月，两广总督张人骏筹办经营西沙群岛事宜，派李准率"伏波""琛航"等舰于5月19日出发查勘西沙群岛，并将各岛重新命名，竖旗立碑，向中外重申西沙群岛为中国之领土。

祖国美丽的西沙群岛，由宣德群岛、永乐群岛和一些小岛及暗礁组成，总面积约10平方千米。在军事上、经济上具有重要地位，是中国海军和商船西出印度洋、南下印度尼西亚的海上必经之道。若以永兴岛为起点，西北距榆林港180海里，南距新加坡1065海里，东距菲律宾的马尼拉523海里，西距越南岘港242海里。

《妈祖神韵——从民女到海神》中说：永兴岛海神庙建于清代，……岛上有两座珊瑚石小庙，其中一处是海神娘娘庙，庙内还发现有清代青花瓷香炉。海神娘娘庙，无疑即是妈祖庙。《妈

鸟瞰西沙群岛（牟健为摄，采自昌太著：《最忆是西沙》）

永兴岛上新修的妈祖娘娘庙

庙内供奉妈祖

祖文化》则说：西沙群岛珊瑚岛西有座金沙庵，庵内神台上供奉着一尊少女模样的菩萨，这就是有名的海神娘娘。庵门朝大海，有联云："金波碧浪朝圣殿，沙聚银堆立古庵。"这对联无可辩驳地证明，这是中国先民经营的岛屿，它是中国神圣的领土。可惜，金沙庵年久失修，已成危房，对联亦退化看不见了，近人新建一座金沙庵，对联也换了，不知为何不用原对联，实属难解。

林岛改名永兴岛

新建的金沙庵内的海神娘娘像

珊瑚岛上原有的金沙庵门

新建的珊瑚岛上的金沙庵门

四、向内陆传播

妈祖信仰除在中国沿海各省市传播外，在内陆除青海、新疆、西藏三省、自治区以外的其他各省都有妈祖庙。最近的调查表明，在江西的九江、景德镇，安徽的宿松，湖南的芷江，贵州的镇远，都建有天妃庙。据考证，妈祖信仰传入贵州，与明代不少福建籍官员在贵州任职有关，他们离乡背井，身陷逆境的时候，为求平安，就崇拜奉祀妈祖，这是顺理成章的事。河南的朱仙镇地区还专门雕刻印制一种"天后娘娘"的年画，发行于各省，可见妈祖信仰流传之广。

五、向港澳传播

（一）香港妈祖信仰

在香港各种庙宇中，也是以天后宫庙为最多。

在香港岛上建有铜锣湾天后庙、赤柱天后庙、筲箕湾天后庙、香港仔天后庙、大角嘴天后庙、深水埗天后庙、新界地区天后庙等。其中：

大屿山岛有大澳新村天后庙、石仔铺天后庙等4处。

长州岛有大石口天后庙、北社天后庙等3处。

南丫岛有鹿州天后宫等3处。

滨海地方有大鸦州天后宫、荃湾天后宫等14处。

其他小岛有平州天后宫等6处。

内陆地区有元朗大井天后宫等10处。

据文献记载，香港在宋代就已建立天后庙，在北佛堂上，人称"大庙"，距今已有700多年的历史，是沿海出现较早的一座天后宫庙。

（二）澳门妈祖信仰

澳门位于珠江三角洲出口，是一个非常良好的渔港。远在5000多年前的新石器时代已有人

河南朱仙镇木刻天后娘娘年画（中国国家博物馆藏）

香港浅水湾新建的露天妈祖像（采自黄国华编著的《妈祖文化》）

迹，至宋、元之间的七八百年前，澳门已有人定居了。原住民大多聚居于现今内港沿岸一带，除生活在渔舟上，还来到岸上搭盖简易的茅屋，以避风雨及晒晾渔获物，一直过着简朴的生活。

明正德九年（1514），葡萄牙人阿尔发勒斯第一次来中国广东屯门。次年葡人斐勒斯特罗来华。1517年安德洛德率舰8艘至屯门，直驶广州。施放炮铳，次年竟在屯门建寨、剽劫行旅、掠卖良民，导致"却使""绝市"。明嘉靖二年（1523），中葡发生新会西草湾之战，此后葡人退据澳门附近的浪白滘，直至嘉靖三十二年（1553），葡人用欺骗、贿赂手段租占澳门，这是外人进占中国领土的开端。

澳门别称妈阁、妈港，因其地有妈阁庙（即妈祖阁），故又称阿妈港，外人称澳门为Macao即由此而来，妈祖阁是澳门最古老的庙宇，明弘治元年（1488）之前即已存在。妈祖阁与九龙北佛堂天妃庙、东莞赤湾大庙鼎足而立，辉映日月，香火滋盛，舳舻衔接，澳门遂成中西交通枢要。

葡萄牙人来澳门之初，活动范围要受中国条例制约，葡人必须定期向中国政府缴纳地租，中国政府亦于澳门设有衙门、司法、军队、海关、税馆，以加强管治。鸦片战争后，葡萄牙人停止向中国缴纳地租，并逐渐扩大管治范围。

澳门半岛面积，1840年仅2.78平方千米，1863年开始填海，至1991年面积逾6平方千米，比原来增加1.15倍。

妈祖信仰传到澳门已有五百多年的历史，今日当地已有数十座妈祖庙。规模最大的首推妈祖阁。妈祖阁位于澳门半岛西南端的妈阁山上，庙内包括四座妈祖建筑。

澳门的肇基妈祖阁

1920年前后的妈祖阁

入侵澳门的葡萄牙船只

最早到达中国的西方殖民者是葡萄牙人。1514年到达广东海面，1517年占领了广东的屯门、南头，被逐后于1521~1522年继续在粤、闽、浙一带进行侵扰活动。

鸦片战争前的澳门

1553年葡萄牙殖民者借口曝晒水渍货物，贿赂地方官员，强行上岸，租占澳门。

澳门正面图（采自何永康：《昔日澳门——明信片集》，1994年11月第一版）

莲峰庙建于莲花山下，故得名。相传道光十九年（1839），禁烟英雄林则徐为防止英国鸦片烟商利用澳门私藏鸦片，特到澳门巡视，并在莲峰庙内接见了葡萄牙官员。林则徐来澳，前后只逗留了3个时辰，但已绕澳一周，并到妈祖阁进香，沿途张灯结彩，居民夹道欢迎，所有炮台鸣炮19响。1989年在此建成了林则徐纪念馆，迄今还陈列有林则徐办公用的几案和文具。

1839年的妈祖阁

1920年前后的妈祖阁古庙
建在澳门半岛西南端的妈阁山上。

1874年9月22日台风过后的大三巴牌坊

大三巴牌坊，旁为1594年由西方传教士建成的圣保罗神学院，是西方人在中国土地上最早的教堂，许多外国教士都来此学习中国文化，并把西方文化带到东方来。1835年教堂失火，只余前壁，便成为今天的牌坊模样。传说教堂内有几条隧道，其中一条通大炮台，一条通关前街李家围，里面藏有大批财宝及艺术品，但各隧道出入口已堵塞，澳门政府曾发起过几次勘探研究，亦没有太大收获，隧道至今仍是个谜。

后人在澳门水塘侧马交石小山上重修的天后古庙

门联："月照明心来圣地，镜台指点出迷津。"澳门有湾，海面似镜，故澳门别名濠镜或海镜。

莲峰庙

建于明嘉靖八年（1529），林则徐巡阅澳门时，就暂住此庙内。

观音堂

原为普济禅院，建于明末天启二年（1622）以前，因供奉观音菩萨，故又名观音堂。其特别之处为在该院吃斋不必全素，可以宰鸡杀鸭，名曰"斋杂"。

鸦片战争后，美国不甘其在中国的利益落后于英国而强迫清政府签订的"中美望厦条约"，便是于1844年7月3日在此观音堂后山花园内的一张石桌上签字的。

约1900年时的大三巴牌坊

1890年的妈阁海面

妈阁海面是内港的入口，也是内外港的分界线。

六、妈祖在台湾

台湾是中国东南地区最大的海岛，自古以来就是中国的领土。据统计，台湾的妈祖庙至1930年末有335座；1945年增至384座，目前已超过900座。其中台南64座，彰化42座。现在约有三分之一的台胞信仰妈祖。所以有人说大陆人东渡也就是海神天后东渡。

大陆向台湾的移民，第一次高潮是明天启年间。颜思齐、郑芝龙海上集团占据台湾北港时，正值福建地区大旱，泉、漳二府贫民大量

俞大猷创建的台湾澎湖妈祖庙即澎湖马公古庙天后宫

重修后的澎湖天后宫正殿（采自李乾朗著《澎湖天后宫》）

澎湖马公城一角（马公即妈宫的讹音）

入台，不下3000人。第二次是南明永历十五年即清顺治十八年（1661）郑成功东渡、收复台湾、实行军屯、广招移民之时，也有许多福建贫民入居台湾。第三次是在1683年郑氏政权结束，清朝统一了台湾，事后实行开发垦殖，也有许多大陆移民入台。庄为玑、王连茂《闽台关系族谱资料选编》载，到嘉庆时期台湾人口已有两百多万。

（一）澎湖天后宫

据台湾单云生的《海上"巡检司"》一文说，明初方国珍和张士诚被朱元璋打败后，残部逃到澎湖，勾结倭寇，骚扰大陆沿海。

明嘉靖四十二年（1563），戚继光、俞大猷分别由陆上与海上追捕倭寇，俞大猷一直追到澎湖，设立巡检司，创建妈祖庙，以纪念胜利、坚定士气。

所以，澎湖岛上的天后宫，就是妈祖到台湾的第一站。

明万历三十二年（1604），荷兰殖民者来到澎湖，金门都司沈有容率领大船20艘来

天后宫正殿前左右廊
从走廊经石阶进入正殿，节节升高，显现正殿及内祀神之尊严。

清风阁
澎湖天后宫后殿，是一座五开间的二层楼阁。

清风阁文物

清风阁二楼内有许多珍贵的历史文物,包括全台最古老的"沈有容谕退红毛番韦麻郎等"石碑及进士蔡廷兰所题"功庇斯文"匾,具有一定的历史文物价值。

正殿供奉天后神像

宋元明三朝封为天妃,清初才加封为天后,大陆沿海各省民众尊其为航海神,保护航行安全,在台湾及澎湖则更受尊崇,为保佑平安之神。

沈有容纪功碑

清风阁所藏台湾地区最古老石碑——"沈有容谕退红毛番韦麻郎等",原嵌在清风阁右壁上,后被取下,字迹已风化。

天后宫正殿内部景观

从殿内望中庭,巨柱林立,气势不凡。

到澎湖妈宫港,先礼后兵,与荷兰人韦麻郎交涉,指陈利害,辞气慷慨,凛然难犯。韦麻郎为其胆略所慑,率舰离去。沈有容上岛祭祀妈祖,并立下"沈有容谕退红毛番韦麻郎等"一碑,如今此碑仍嵌在清风阁。

据《天妃显圣录》载,传说清康熙二十二年(1683)六月,施琅率舟师进攻台湾，师次澎湖列岛，严令进兵。舟中士卒都说恍见神妃如在左右。后澎湖收复肃清报捷。平海人入天妃宫，咸见天妃衣湿，左右二神将手起泡，观者如市，方知是神灵暗中默助之功。台事毕，奏神功，钦差礼部郎中雅虎等，赍御香帛至湄洲祖庙致祭，并特封为"护国庇民妙灵昭应仁慈天后"，时为康熙二十三年甲子（1684）。

（二）祖庙分灵

台湾的妈祖庙，大多是由湄洲祖庙分灵至台。

1. 安平开台天后宫

安平开台天后宫原建于安平镇渡口，现位于台南市安平区国胜路，与安平古堡、安平炮台等建筑相邻，是进出台湾府城、安平之间的要地。相传永历十五年（1661）郑成功得妈祖之助，从安平入台，并在安平建立了开台天后宫。甲午战败，日本占据中国台湾，破坏庙宇，毁灭文物，还在安平开台天后宫杀害清军战士，当时庙内的三尊神像只好转移他处供奉。1962年5月才在安平水师卫门遗址重建本宫，迎回三尊神像，重兴香火。

据载，郑成功在明永历十五年出师台湾前夕，曾亲到湄洲妈祖庙请3尊妈祖像来台，并在安平渡口建天后宫，名曰"开台天后宫"。这3尊妈祖像（即分灵），本应及时送回，但郑成功来台一年多就病逝，台湾与清廷又开始对峙，不及送回。康熙二十二年（1683）郑克塽降清，台湾复归版图，湄洲祖庙派人来，想用3尊新神像换回原来的分

安平开台天后宫正门

灵，安平开台天后宫不同意，提出以瓷碗进行占卜，要连卜百次，以神意定胜负。双方一占卜，湄洲祖庙连胜100卜，准备要回3尊神像，但安平人又变卦了，说这次只管大妈像，而二妈像、三妈像要另卜，于是又进行第二轮100卜，湄洲祖庙又胜，讨回了二妈像。当第三轮占卜时，直到99次，湄洲祖庙皆胜，但进行第100次占卜时，卜具突然从地上飞起，插在中梁上不下来，湄洲祖庙只好让步，同意把三妈像留在安平，而将大妈像、二妈像带回湄洲。后来安平人自己又塑了大妈、二妈像，凑齐3尊神像，每年还回湄洲祖庙探亲。

2. 台湾鹿耳门圣母庙

鹿耳门圣母庙，建于明崇祯十四年（1641），明永历十五年（1661）郑成功登陆鹿耳门港时，得到妈祖神助，顺利登岸。第二年重建此庙，两侧又建文馆、武馆。正殿妈祖像是由湄洲分灵来的，是全台妈祖的发源地。正殿分前殿、中殿、后殿三进。中殿供圣母像，上层中央神龛奉祀镇殿大妈、出巡大妈、二妈，左边为文馆三妈，右边神龛为武馆三妈。

3. 鹿港天后宫

鹿港又称北港。鹿港天后宫建于明桂王朱由榔永历元年，亦即清顺治四年（1647）。鹿港天后宫亦称北港朝天宫，位于台湾云林县北港镇。宫内有山门、龙柱、石壁、石楣等，山门两侧各有一座八卦门，正殿供有妈祖神像，原为"粉红面"，近百年经烟熏火燎，已变成"香烟面"或乌面。据说这是妈祖救世人的面孔。因鹿港地区是台湾最早建庙的，大甲等地的人都到此进香，抬着妈祖神像回娘家。北港朝天宫香火极盛。台湾居民称该神为"开台妈"，故有"北有关渡妈，南有北港妈"的谚语。

湄洲祖庙分灵

台湾安平古堡

鹿耳门圣母庙外景

台湾北港朝天宫（采自黄国华《妈祖文化》）

林爽文兵败被俘

林爽文被捕后在北京菜市口被寸磔而死。追随林爽文的南北路义军亦终失败，天地会会众"首从皆斩"。

4. 鹿港新祖宫

鹿港新祖宫位于台湾彰化县鹿港镇洛津里埔头街。乾隆五十一年（1786），台中地区林爽文起事，自称"顺天大盟主"，响应者甚众，一月之内，连破大墩、彰化城、诸罗、斗六门、南投等地，后来又攻克凤山县、台南城，战火燃遍全台。乾隆五十二年（1787）清廷先后调水师提督黄仕简、陆师提督任承恩、总督常青等率师围攻均不奏效，形势危急。后调陕甘总督福康安，率10万大军，从福建崇武澳出发，海中遇险，全军震惊，后得到妈祖庇护，平安抵达鹿港。大军顺利攻克数县，连战连捷，势如破竹，不久平定事件。福康安认为有妈祖相助，请求在鹿港修建天后宫，乾隆帝加封妈祖为"护国庇民妙灵昭应宏仁普济福佑群生诚感咸孚显神赞顺天后"。

满族是中华民族的一个重要组成部分，满汉都是一家。清政府是当时中国的中央政府，台湾又是中国不可分割的领土，属福建省的一个府，叫作台湾府。乾隆皇帝为了国家领土完整，反对分裂，出兵平定，无可非议。林爽文起事可以说是"官逼民反"。林爽文同清王朝的腐朽统治展开的斗争虽被镇压，但其壮举已深入台湾各族人民的心中，后来一个接一个的斗争可以证明，残酷镇压不可能解决问题，只有实行民族平等，惩治各级官吏贪污聚敛、腐化堕落，废除对人民的横征暴敛和名目繁多的苛捐杂税，勤政爱民，处处为广大人民谋利益，才能长治久安。

林爽文的安民告示

鹿港敕建新祖宫

平定林爽文事件后，福康安认为有妈祖相助，在鹿港修建了新祖宫。该宫为乾隆敕建，如同宫殿，门前有石碑曰："文官下轿，武官下马。"可见鹿港新天后宫地位之高。

钦差协办大学士、陕甘总督福康安画像

下令平定林爽文事件的乾隆皇帝

顺天大盟主印

台湾大天后宫三川殿

5. 台湾大天后宫

台湾大天后宫又名台南大天后宫、台南妈祖庙。

1662年郑成功病故。明永历十八年（1664）郑经迎接明宁靖王朱术桂渡台，把承天府署南边的西定坊建为宁靖王府，供朱术桂夫妇住。施琅攻台，郑克塽降清，宁靖王及王妃自尽，施琅奏请以宁靖王府邸建大天后宫，康熙二十五年（1686）完工，派人主祭加封"天后"，称该庙为"大天后宫"。

台湾大天后宫是台湾最早官封的妈祖庙。该宫四进建筑，包括三川殿、拜殿、正殿、后殿四个部分。后殿为宁靖王的斋房，后改为神殿，供有圣母父母、兄弟、宁靖王、历代开山住持，右侧供奉福德正神、月老公，左侧供奉注生娘娘、临水夫人。因与湄洲祖庙关系密切，使得台湾大天后宫成为台湾妈祖的重要祭祀中心。

截至目前，台湾共有大型妈祖庙500多座，以上仅列举了台湾几处最有名的天后宫，以献读者。

七、两岸妈祖同一人，闽台信众是一家

台湾的妈祖庙，除镇殿妈外，其他妈祖神像可供每年轮流诞辰出巡之用。特别是早

期的妈祖庙，在例定诞辰日有"遥拜"仪式，即在行"三跪九叩"礼节时，一律面向莆田湄洲祖庙施行。这一俗例充分说明两岸妈祖同一人、闽台信众是一家，特别说明台湾同胞永远怀念大陆的深远意义。

（一）最早来大陆的进香团

1987年，台湾台中大甲镇澜宫率先组团经日本转航湄洲祖庙进香，后来又和湄洲祖庙建立了至亲庙关系，一直保持着密切的往来，进行了多项妈祖文化交流活动，在两岸产生了轰动效应。

据载，湄洲屿人林永兴于清雍正八年（1730）携眷入台，定居大甲镇，当地闽粤居民见到林永兴家中供奉妈祖神像，于是发起营建大甲镇澜宫，几经重修，规模逐渐宏大。因大甲妈祖系从北港分香而来，故每年一度至北港进香，进香日期于每年正月十五日在妈祖神前拈阄决定。由此可知，大甲镇澜宫的妈祖信徒每年往北港谒祖习俗，已有百余年。而且，每年往北港妈祖庙进香，场面壮观，人数众多。这种谒祖进香的盛况，体现了大甲镇澜宫在台湾的地位，可说是著名的庙宇之一。

台中大甲镇澜宫
  正殿内供有两丈多高的妈祖像，在主神一侧供有银精将军，即顺风耳，绿面绿衣，耳听八方；另一侧为金精将军，即千里眼，红衣红面，能视千里之外。

（二）参加第四届中国天津妈祖文化旅游节

第四届中国天津妈祖文化旅游节的祭拜仪式2008年10月3日在天津天后宫举行，台湾大甲镇澜宫、北港朝天宫、新港奉天宫等在内的60余座台湾妈祖庙宇都派代表参加。另外，有来自日本、美国、新西兰、马来西亚、菲律宾、新加坡、荷兰等国的2000多友人来津参加活动。

（三）隆重纪念妈祖诞辰1045周年

2003年，福建莆田湄洲岛隆重举行纪念妈祖诞辰1045周年活动，数百位来自印度尼西亚、马来西亚、新加坡等东南亚国家及港澳台地区的妈祖信徒，来到妈祖故乡湄洲岛祖庙进香祭拜。

台湾大甲镇澜宫带来的神佛表演

前为顺风耳后为千里眼

参加祭拜仪式的北港朝天宫代表

（四）台湾苗栗县进香团

2004年，台湾苗栗县组织进香团到湄洲妈祖祖庙进香朝拜。

台湾苗栗县进香团

（五）隆重纪念妈祖诞辰1047年及金身巡游台湾10周年

2005年5月9日是妈祖诞辰1047年，又是湄洲妈祖金身巡游台湾10周年的日子，为了隆重纪念这个日子，决定当日在福建莆田湄洲妈祖祖庙广场隆重举行纪念会，来自海峡两岸、美国和东南亚的近万名信众参会。

这种独具特色的妈祖文化经过千年演化已成为华夏文明的重要组成部分，成为海内外炎黄子孙沟通世界各地的桥梁和精神纽带。

台湾苗栗县进香团在湄洲祖庙朝拜进香

参加祭祀大典的来自世界各地的妈祖信徒

虔诚的信徒在等待庆典开幕

万人拥着妈祖金身进入会场

湄洲妈祖祖庙董事会董事长林金榜领队祭拜

祭祀大典上表演大型乐舞

信徒虔诚膜拜

（六）福建湄洲迎来史上规模较大的台湾妈祖信众代表谒祖活动

2006年莆田湄洲妈祖祖庙举行谒祖进香活动，先在厦门国际旅游客运码头举行"妈祖接驾仪式"，再前往莆田。据悉，有数千名台湾妈祖信徒代表参加，规模较大。

2006年数千名台湾妈祖信徒代表参加湄洲祖庙谒祖进香活动

（七）两岸妈祖金身巡游与台湾50家宫庙进香团来湄洲祖庙朝拜

2007年3月11日海峡两岸妈祖金身在福建巡游，信众沿途争相祭拜，5月9日，台湾妈祖联谊会50家宫庙，由大甲镇澜宫组织7000多人进香团来湄洲妈祖祖庙朝拜，盛况空前。

巡游的妈祖金身

热烈欢迎台湾妈祖联谊会暨大甲镇澜宫湄
洲妈祖进香团

信众在祭拜妈祖神像

妈祖祭典场面之一（传统祭拜仪式）

妈祖祭典场面之二

妈祖祭典场面之四（传统表演）

妈祖祭典场面之五（传统表演）

妈祖祭典场面之七（传统表演）

妈祖祭典场面之三

妈祖祭典场面之六

（八）两岸妈祖同一人，天下信众是一家

2008年10月3日海峡两岸又举行妈祖祭拜仪式。这时，提出"两岸妈祖同一人，天下信众是一家"，团结范围较"闽台信众是一家"扩大了一步。但前来朝拜的仍以台湾信众为主。

受祭拜的妈祖像

台湾信众进入会场

信众祭拜妈祖

湄洲妈祖戊子年（2008）庙会现场

祭拜的场面之一

祭拜的场面之二

扩建后天后宫夜景

七、妈祖在船政发源地——福州马尾

马江天后宫对联：

汪应辰：

"秋社荐黄花，正箫鼓重阳，证果三生天竺梦；

故乡思荔子，记湖山招隐，先芬一卷邵州诗。"

林宪曾（清举人）：

"岩岫发灵光，喜频年荒裔输材，大选栋梁崇庙祀；

海天留胜迹，忝先世长林分叶，得依俎豆颂宗功。"

沈葆桢重建的马尾天后宫
（"文化大革命"时期遭到毁坏）

沈葆桢：

"惟神天亶聪明，愿千秋灵爽式凭，俾倕巧班工，何成宝筏；

此地海疆门户，看万顷沧波不动，有冰夷洛女，虔拜云旗。"

又"地控制瓯吴，看大江东去滔滔，与诸君涤虑洗心，有如此水；

神起家孝友，贯万古元精耿耿，望后世立身行道，无愧斯人。"

千里眼金将军对联：

"视远为明，知普度众生，全凭慧眼；

思溺由己，愿永清四海，上慰婆心。"

顺风耳柳将军对联：

"恰当薄海同风，世上痾瘰都人听；

幸为苍生请命，个中消息总关心。"

正殿左祀

正殿中祀天后圣母像

乾隆时马尾天后宫图
　　清乾隆二十六年马尾天后宫所在地（载《鼓山志》1761年）。

扩建后天后宫正门

正殿右祀

正殿对面戏台

英山境天后圣母宫（英屿天后宫）

亭江长安天后宫

英屿妈祖阁

琅岐下岐天后宫古碑

琅岐下岐天后宫正门

亭江东岐天后圣母像

亭江东岐天后圣母宫碑

亭江东岐天后圣母宫正殿

20世纪70年代被拆毁前拍摄的马尾天后宫

琅岐海屿天后宫妈祖塑像

琅岐海屿天后宫外景

庆安澜

琅岐下岐天后宫大殿（中祀妈祖）

八、妈祖在海外的传播

中国有漫长的海岸线和无数的岛屿，自古以来就与世界各国有往来。妈祖随着其信仰者，如船工、渔户、商人、使者、华侨漂洋过海，逐渐传到异国他乡，以至世界各国，成为一位世界性的唯一航海女神，在世界占有重要地位。

（一）妈祖在马来西亚

马来西亚约有35座天妃宫。马六甲地区有8座，其中青云亭最早；吉隆坡亦有数座。

马来西亚吉隆坡天后宫原在雪兰莪州吉隆坡市谐街49号。清末由海南籍侨民集资兴建。1908年移至苏丹街，为两层楼式建筑。80年代初海南籍侨民募资在巴生路乐圣岭

马来西亚妈祖庙

兴建新宫，1989年9月建成。新宫占地三万多平方英尺，为全球规模最大的天后宫。祀妈祖。

马来西亚马六甲州最早建立的青云亭天妃宫正门

马来西亚妈祖庙内的天后娘娘圣像

青云亭

马来西亚马六甲州青云亭又称观音亭，始建于明，亭内有天后殿祀妈祖。

马六甲天后宫的"敦睦乡谊"匾

马来西亚天后宫观景楼

马六甲兴安会馆天后宫

青云亭正殿

马来西亚乐圣岭天后宫大门牌坊

乐圣岭新宫正殿外景

吉隆坡天后宫内祀的观音等神像

乐圣岭新宫门额
充满中国古典风味的马来西亚乐圣岭（吉隆坡巴生路）新宫官门对联："天心遗爱慈仁孝义扬家国；后德威灵救溺扶危震古今。"

（二）妈祖在新加坡

新加坡的天妃庙十分流行，许多华人建造寺庙，有些还被列为国家重点文物保护单位，如坐落在直落亚逸（华人称源顺）街的天福宫就是新加坡最古老的庙宇之一。

天福宫又称天妃庙、天后宫，清道光元年（1821）泉州石狮船帮航抵新加坡，即在这里建起了一座小庙奉祀妈祖。道光十九年（1839）开始自泉州运来材料，兴建大庙，次年建成，并从湄洲岛祖庙迎来妈祖分灵（神像）。宫中正殿祀妈祖，殿之东堂祀关羽，殿之西堂祀保生大

天福宫正殿上方极为美丽的中国式装饰

天福宫

天福宫正殿内景

新建的天后博物馆

天福宫妈祖娘娘像

帝，殿之后堂祀观音。道光二十九年（1849）于宫左建崇文阁，设华文学校，是为新加坡最早的华文学校。早年的福建会馆亦设在宫内。

宫中藏有清乾隆十年（1745）古钟一口、光绪三十二年（1906）日本制大悬钟二口，还有道光三十年（1850）镌刻的《建立天福宫碑记》。

天福宫正殿上方"波靖南溟"是清光绪帝御赐匾额。"神昭海表"系福建省各府州县诸弟子同敬，上款是大清道光二十年。"显彻幽明"匾额，上款光绪十二年，下款"新加坡领事花翎四品衔分省尽先补用直隶州知府左秉隆敬献"。由于"波靖南溟"系光绪皇帝御笔，字框周围是龙的浮雕，而"显彻幽明"题额者左秉隆又是清政府派驻新加坡的第三任领事，使天福宫身价百倍。尚有许多其他题匾。

天福宫后殿里不但供奉佛祖释迦牟尼塑像，也供奉高1米的孔子坐像，两像遥遥相对。佛祖像左右是观世音和弥勒佛，前面是刘备、关羽、张飞的立像。孔子像上方一条红布贴着"孔子先师"四个字，案上香烟缭绕。这是天福宫与其他庙宇不同的地方。

此外，菲律宾、越南、泰国、印度尼西亚等国都建有妈祖庙，妈祖信仰主要由郑和、王景弘下西洋时传播。

菲律宾有妈祖庙是从明代开始的。越南主要是华侨会馆供有天妃，其中以会安为大，如会安的福建会馆、潮州会馆等都供有天妃像。越南华侨祭祀妈祖保留国内的传统，必奉妈祖神像游街，鼓乐喧天，演戏酬神，热闹非凡。泰国曼谷等地均有妈祖庙，而妈祖是华侨、商人的保护神，妈祖信仰在泰国的特点主要是与佛教传说相结合，在泰国扎根、传播。

新建的天后古庙香云阁

（三）日本的妈祖庙

妈祖在海外传播，以东渡日本为最早，所建妈祖庙也最多。

日本的岐阜市有一座妈祖堂，供奉妈祖神像，由华侨和日本人合建，主神是由台湾北港朝天宫分灵去的。

长崎有三大唐寺即南京寺、漳州寺和福州寺。其特点是把佛祖和妈祖合祀在佛寺中。南京寺又名兴福寺，建于明万历三十九年（1611）；漳州寺又名福济寺，亦建于明万历三十九年；福州寺又称崇福寺，建于明万历四十年，崇祯十三年（1640）重建。

日本民族以稻作农业著称，神社内必供稻种，而有些妈祖就供在稻荷神社内。

神户中华会馆内设有天妃宫，1892年创建，由清驻日公使李廷芳和驻神户大阪领事洪遹昌发起建立。

九州的五岛、平户也建有天妃宫。

日本的下北半岛大间浦、茨城县北部的矶原、中部的那珂凑、萨摩半岛的坊津都信奉妈祖。

长崎崇福寺（福州寺）妈祖山门

内供妈祖的日本稻荷神社

北海道的青森县也有天妃庙。

日本的妈祖祭祀活动与中国相似，都把妈祖奉为司海之神，陪神都供奉千里眼和顺风耳，如野间权观社的西宫供奉妈祖神女、千里眼、顺风耳三尊神像。

日本的"野间"即妈祖之意。

（四）琉球天后宫

琉球原为中国属国，琉球群岛原有36岛，其中北部9岛、中部11岛、南部16岛，分山南、山北、中山三部分。明洪武五年（1372），中山王统一琉球，朝贡中国，直至清朝，每换一个国王，必表贡册封，举世公认是中国的藩属国。1879年3月，中国因新疆军务未能兼顾，日本趁机宣布合并琉球，改为冲绳县，中国始终未予承认。

琉球的妈祖庙有三处：琉球久米村的上天妃宫、那霸的下天妃宫和久米岛天后宫。因"天妃"封号出现于元、明两朝，"天后"封号出于清康熙敕赐，因此前两者是早期创建的，后者则是晚期建立的。

明永乐年间（1403~1424）册封舟、贡船上供奉天妃是十分庄重的。"册封舟尾部建三层楼房，上供奉圣旨，尊主上也，中供天妃，配以香烛，朝夕祈祝天妃，顺民心也。"册封舟开洋前，正使、副使必须先到出发港口的天妃宫，恭奉妈祖神上舟护航。册封舟每经过港、镇、澳停泊之处，当地地方官必须上舟礼拜妈祖。册封舟到达目的地国家，正、副使必须恭奉舟内妈祖神龛上岸，安放在岸上"天妃宫"，朝夕拜祷祭祀。当时琉球使者经常往来于东海，保存下丰富的历史文献，记录了大量的天后灵应事迹，对传播妈祖文化起了重要的作用。

明永乐年间出使琉球的册封舟

（五）欧美各国的妈祖庙

据各方报道资料，目前已知欧美国家有妈祖庙的城镇难以胜数。如美国旧金山、纽约、加州三藩市、檀香山、关岛均有妈祖庙。芝加哥、休斯敦、夏威夷等地也有妈祖信仰。巴西圣保罗市也有一座妈祖庙，是从台湾分灵去的。欧洲的法国、挪威、丹麦等国家也有妈祖庙。可以说哪里有华侨，哪里就有天妃信仰；哪国有中国商人，哪国就有天妃宫。

妈祖信仰传到欧美，有的始于明代，即随着郑和、王景弘七下西洋所走的航线，从中国东南沿海，经过南洋群岛、波斯湾，再传到欧洲去的。陈吉人《丰利船日记备查》、杜文凯编《清代西人见闻录》、博克塞《十六世纪的南部中国》都有记载。

另一条路线是跨越

美国旧金山朝圣宫（采自黄国华《妈祖文化》）

太平洋经过美洲传到欧洲。因这时西班牙人征服墨西哥等地后又西征了菲律宾诸岛，与来往于菲律宾的中国商船发生了直接贸易，西班牙人自然也会受到中国商船上妈祖信仰的影响。1585年出版的冈萨雷斯·德·门多萨《中华大帝国史》、陈荆和《十六世纪之菲律宾华侨》、罗荣渠《中国与拉丁美洲的历史联系》等都有详细记载。这条路线是中国—菲律宾—墨西哥—欧洲，也是妈祖抵达西方世界的重要途径，妈祖从此也从闽台同一人，信徒是一家进而成为世界同一人，华人是一家的国际性、世界性的唯一的海神。

第三节

妈祖信俗申报世界非物质文化遗产成功

2009年5月，两岸妈祖信徒开展申报世界非物质文化遗产宣传活动，申报世遗获得成功，妈祖信俗被列入世界人类非物质文化遗产代表名录，这是中国首个信俗类世界级遗产，对保护妈祖文化、传承信仰习俗、挖掘文化内涵、推动妈祖文化广泛传播、扩大世界影响有积极的作用。湄洲妈祖信俗成为国家级非物质文化遗产，湄洲妈祖祖庙成为全国重点文物保护单位。

两岸妈祖信徒签名支持申遗（朱兴鑫摄）

申遗成功两岸人民热烈祝贺

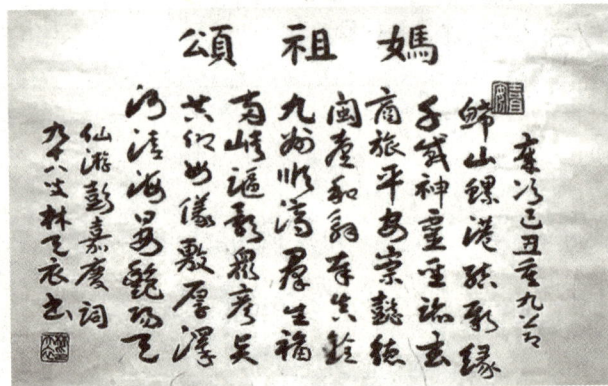

由彭嘉庆作词、台湾98岁高龄的书法家林天衣书写的《妈祖颂》深得两岸人民好评

祝贺申遗成功场面

湄洲妈祖祖庙双喜临门

2009年11月1日湄洲妈祖文化旅游节上举行祭祀妈祖活动的一个场景（姜克红摄）

征引参考书目举要

［1］黄国华编著.《妈祖文化》.福州：福建人民出版社.2003.10.

［2］李露露.《妈祖神韵——从民女到海神》.北京：学苑出版社.2003.5.

［3］徐玉福编著.《妈祖庙宇对联》.南昌：江西人民出版社.2000.4.

［4］中国国家博物馆藏.《天后圣母事迹图志》（图48幅）.

［5］李乾朗.《澎湖天后宫》.台湾：雄狮图书股份有限公司.

［6］何永康.《昔日澳门——明信片集》.澳门基金会出版.1994年11月.

［7］林文豪主编.《海内外学人论妈祖》.北京：中国社会科学出版社.1992.

［8］林清标纂辑.《敕封天后志》.

［9］陈国平、林华章主编.《霞浦松山天后宫》.福州：海峡文艺出版社.1997.

［10］陈贞寿.《图说中国海军史·上》（古代—1955）.福州：福建教育出版社.2002.10.

［11］福建省泉州海外交通史博物馆编.《泉州海外交通史迹调查资料—天妃资料专辑》（内部印行）.1986.

［12］曾昭璇.《天后的奇迹》.中华书局（香港）有限公司.1991.9.

［13］许在全主编.《妈祖研究》.厦门：厦门大学出版社.1999.1.

［14］董季群编著.《天津天后宫》（内部印行）.1994.1.

［15］朱天顺.《妈祖信仰的起源及其在宋代的传播》厦门：《厦门大学学报》.1986年2期.

［16］廖鹏飞.《盛墩祖庙重建顺济庙记》.《李氏族谱》.

［17］（明）黄仲昭.《八闽通志》（上、下）福建省地方志编纂委员会主编.福州：福建人民出版社.1991.6.

［18］王振铎.《必须加强对天后宫的保护工作》.泉州：《海交史研究》.1985年21期.

［19］江山、沈思.《试论妈祖神话在港澳深地区的影响》.《妈祖研究论文集》.厦门：鹭江出版社.1989.

［20］《妈祖研究资料汇编》.福州：福建人民出版社.1987.

［21］林文豪主编.《妈祖千年祭》.北京：华艺出版社.1988.

［22］《广州日报》2009年4月19日.记者李立志、通讯员南宣.

［23］《羊城晚报》2009年4月15日. 记者郑迅、关天夫，通讯员南宣.

［24］昌太.《最记是西沙》. 北京：华龄出版社. 2004.12.

［25］庄为玑等.《闽台关系族谱资料选编》. 福州：福建人民出版社. 1985.

［26］程曼超.《诸神由来》. 郑州：河南人民出版社. 1987.

［27］吴玉贤主编.《海神妈祖画册》. 北京：外文出版社. 2001.

［28］（宋）李俊甫撰.《莆阳比事》. 明万历乙巳年刻本. 1605.

［29］林国平、彭文宇著.《福建民间信仰》. 福州：福建人民出版社. 1993.

［30］陈国强主编.《妈祖信仰与祖庙》. 福州：福建教育出版社. 1990.

［31］罗永后、肖一平编著.《海神天后东渡台湾》. 福州：福建人民出版社. 1987.

［32］金文亨、陈国英主编.《莆田历史文化研究》. 厦门：厦门大学出版社. 1996.

［33］陈道章主编.《马尾船政天后宫》. 2007.10.

第二章

福州的水部尚书文化

第一节

福州阳岐的尚书祖庙

福州人，特别是沿江水上居民，对南宋民族英雄陈文龙的高风亮节都十分崇拜和景仰。为纪念他，从明洪武至清光绪，先后在阳岐、万寿、新亭等处建有几座尚书庙，把他作为神圣的偶像加以崇拜，享受人间烟火。数百年

阳岐兴化道尚书庙内景

来，香火旺盛，经久不衰。这一因陈文龙曾生活和居住在福州南台地区；二因明永乐六年朝廷封他为水部尚书，并成为水上保护神有关。

（一）福州最早的尚书庙

阳岐兴化道尚书庙外景

阳岐临江边的玉屏山麓有一码头称"化船道"或"兴化道"。莆仙一带的商旅为祈求生意兴隆、平安往返，于明洪武年间在兴化道旁大松树的浓荫下，建一小庙坛，奉祀海上女神林默娘和抗元英烈陈文龙的造像，面积约30平方米，正厅东祀林默娘，西祀陈文龙（尚书公）。遗址至今犹存。这就是陈文龙尚书庙在福州的最早起源。

（二）阳岐尚书祖庙

明洪武元年（1368），朱元璋命中书省派员到全国各地访求应祀神祇。"凡有功于国家及惠爱在民者著于祀典，令有司岁时致祭。"在定上报名单中，钦定庐陵的文天祥、福州的陈文龙、莆田的陈瓒等。明天启七年（1627）阳岐村民和水上居民及莆仙一带商贾，开始将原建在兴化道的小庙宇，移至阳岐村凤鸣山下重建，以纪念乡贤陈文龙。该庙建成后，几经风火灾害，几度重建，几度修葺。今庙门前大埕竖的几方石碑，就是该庙历史的见证。它分别记载了清乾隆四十六年（1781）、嘉庆九年（1804）、道光二十年（1840）、咸丰九年（1859）和光绪十年（1884）先后五次重修陈文龙庙宇的情况和捐资者的名单。其中乾隆四十六年的石碑，有"祖殿水部尚书三次敕封，加封

陈文龙庙门大埕石碑（右一为清乾隆四十六年碑刻）

祖庙门额、正殿门额

尚书祖庙庙门

祖庙门额最高一方书"历代奉旨祀典",下嵌有青石四方,上书"尚书祖庙"四大字,乃严复所书。正殿右为"毓麟宫",左为"忠肃祠",系三殿堂并列。

正殿门神、楹联

门神左右为严复题楹联:
入我门来,总须纳手扪心,细检生平黑籍;
莫言神远,任汝穷奸极巧,难瞒头上青天。

正殿陈文龙塑像

严复在重修祖庙时,触景生情,吟成一首七绝:

天水亡来六百年,精灵犹得接前贤。

而今庙貌重新了,怅里英风总肃然。

镇海王"的记载。所以福州人民尊称陈文龙为"尚书公",庙宇为"尚书庙"。阳岐乃"尚书祖庙",其他皆由此分炉。

阳岐祖庙虽经多次重修,但年久仍然残破不堪。1919年元月,阳岐人严复发起重修,并募款10多万银圆。次年元月开始动工,翌年夏基本落成。三殿堂并列,前后四进,面积扩大到3805平方米。严复亲自题写"尚书祖庙"四个大字,并在大殿内亲自选择名臣、学士、文人10多副对联作青白柱联。自己也题刻了三副石柱联。下均刻"信士严复薰沐敬献",并印上"侯官严复""几道之印"两方图章。可惜,"文化大革命"中这座重修的尚书祖庙遭到破坏。1991年阳岐村民和沿江水上居民又发起修复,并募款80多万元,按原貌修复,于1995年底基本竣工。并被定为福州市市级文物保护单位。

正殿合祀守土尊王和水部尚书

戏台正面青石高浮雕 "双龙抢珠"

大殿尚书公像前的大香炉 "天前炉"

毓麟宫宫门

　　尚书祖庙正殿右为毓麟宫，有门神汪、杨二太保，
系临水陈太后部将，内祀观音菩萨与临水陈太后。

祠内三进奉祀尚书公出巡神像

观音阁内的观世音菩萨和金童玉女

铁铸"天前炉"

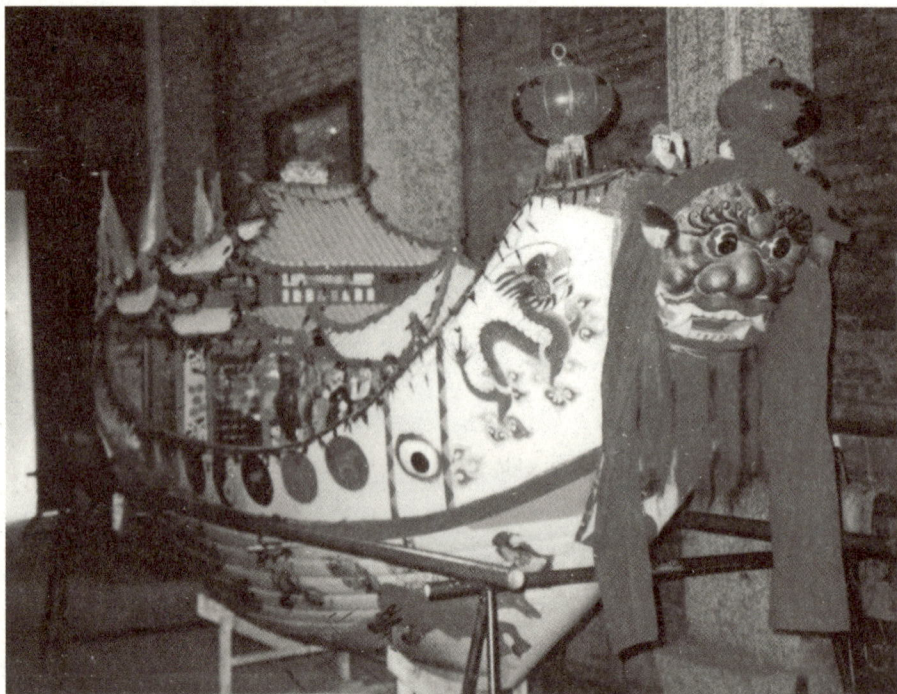

祠内陈列水部尚书公陈文龙乘坐的舰船模型

四进奉祀的尚书公立像

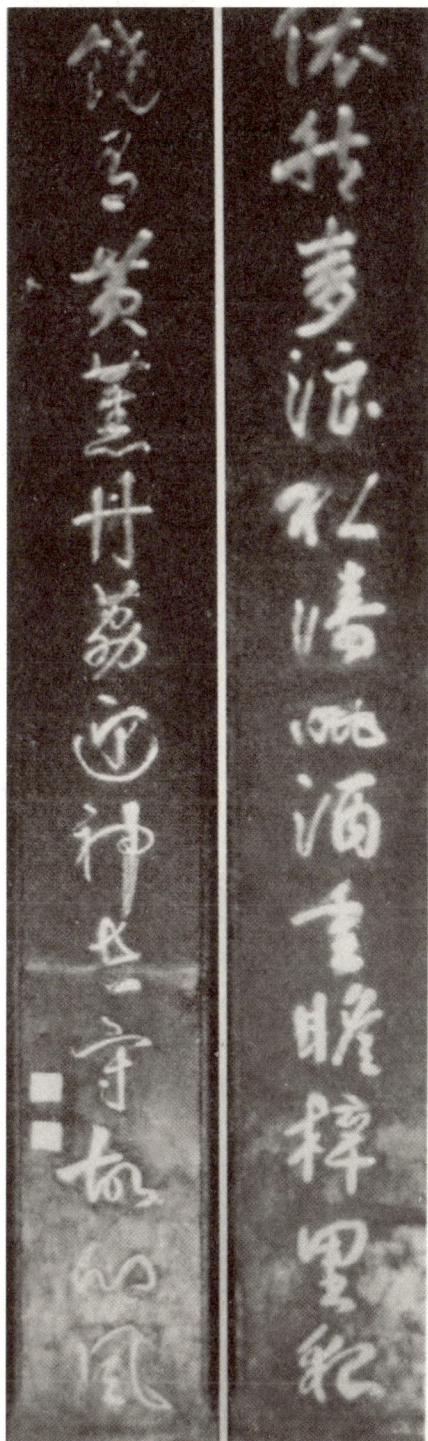

正殿左边为忠肃祠正门

大殿青石柱内侧严复草书对联：
依然麦浪松涛，醕洒重瞻梓里貌；
饶有黄蕉丹荔，迎神长守故乡风。

"尚书船"每两年出海一次

忠肃祠大门藻井光彩夺目

第二节

台江万寿尚书庙

万寿尚书庙在福州台江坞尾街，旧址称"新美坊"，原为陈文龙在福州的官邸所在地，元代被毁。明永乐元年（1403），由阳岐"尚书祖庙"分炉，在此建庙，因该地属万寿祖首境，所以俗称"万寿尚书庙"。清道光年间和民国初年曾经两次重修。近年来台江区政府重视文物保护，又拨款200余万元重修庙宇，并将其辟为陈文龙纪念馆。至今仍保持明代建筑的艺术风格。面积1100平方米，坐北朝南，面阔五间，进深五间，风火山墙，硬山顶穿斗式木构建筑。墙壁四周镶嵌着清乾隆、嘉庆、道光时期的碑刻，大都完好，具有较高的文物价值。

万寿尚书庙门额

庙门额青石贴金匾两方犹存，一在上，直书"奉旨重修"，一在下，横书"敕封水部尚书"。左右旁门刻"履仁""蹈义"，十分醒目。

万寿尚书庙

庙门口两只大石狮憨态可掬、栩栩如生

清乾隆年间修葺后雕梁画栋之一

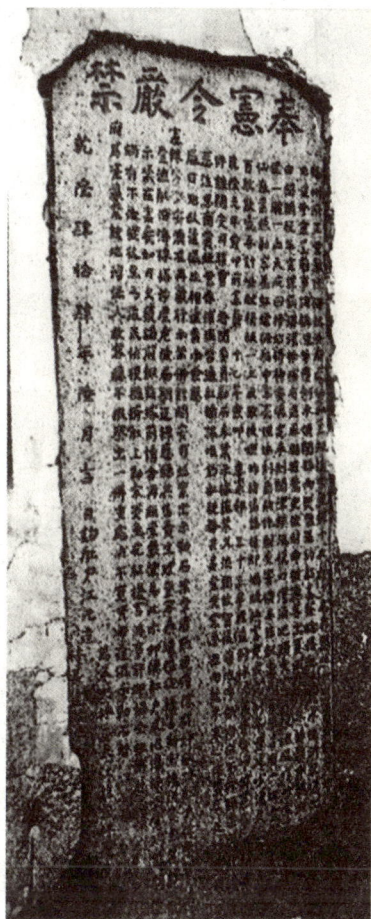

乾隆四十四年（1779）重修万寿水部尚书庙碑

陈文龙纪念馆

万寿尚书庙正殿已辟为陈文龙纪念馆。林则徐把陈文龙与文天祥"隆名并峙",在正殿正面石柱上题刻了楹联:

节镇守乡邦,纵景炎残局难支,一代忠贞垂史传;

英灵昭海澨,与信国隆名并峙,十洲清晏仗神庥。

清乾隆年间修葺后雕梁画栋之二

大铁印

清乾隆四十六年(1781)铸的大铁印,重20.5千克。上刻:敕封水部尚书护主参政忠肃公印。

陈文龙的英雄事迹真可谓惊天地，泣鬼神。23次"奉旨册封琉球"，3次敕封水部尚书、加封镇海王。历代史传、诗文、戏曲等都有记述，对其倍加褒扬，影响遍及福建省、台湾地区及东南亚国家。前来参拜的不仅有官员，还有"番将"，促进了对外文化交流和友好往来。

海峡两岸民间信仰、尊崇陈文龙为海上保护神，与妈祖齐名，对加强闽台交往、促进祖国统一大业，发挥了积极作用。

改革开放后省内外、国内外前来参拜陈文龙的人士络绎不绝。

万寿尚书庙水部尚书座船模型
原系竹林尚书庙物，现归还竹林庙。

纪念馆内陈列实物和图片

清乾隆三十七年（1772）雕刻的石香炉

两旁仪仗牌匾书陈文龙一甲第一名进士及第后官衔、谥号

万寿尚书庙内奉祀的陈文龙塑像

道光年间参拜陈文龙的福建官员名单石刻

马祖乡亲参拜

嘉庆年间参拜陈文龙的日本武士名单碑

台湾马祖水部尚书公庙

首次"两马直航"朝拜陈文龙

2001年2月11日，台湾马祖民俗文化团乘"顺风"号轮直抵马尾港，接着到福州台江万寿尚书庙朝拜民族英雄陈文龙，实现了时隔52年的首次"两马直航"。

马祖民俗文化交流团总领队王世才率团员举行进香朝拜仪式

爱国民族英雄陈文龙事迹被编为闽剧、莆仙戏等剧目，长演不衰

2005年正月竹林尚书公应台湾邀请出巡场面

福建省禅和十番乐曲团在纪念爱国民族英雄陈文龙殉国722周年活动中演奏古典民乐

许怀中（右二）、郭风（右三）等教授、专家、学者在研讨"陈文龙文化"和文物保护问题

  万寿尚书庙居然在未经省文物局批准的情况下，于2005年国庆节强台风"龙王"袭击福州期间的黑夜之时被强行拆除并"易地重建"了。

福建省历史名人研究会陈文龙分会与福州台江万寿尚书庙理事会联合举办纪念爱国民族英雄陈文龙座谈会

移建的尚书庙外景

  拆建完成后，新址万寿尚书庙虽保持了外貌，但从年限、地点、名称等方面已非原始意义的文物了。

2005年初拆迁前的万寿尚书庙

移建中的万寿尚书庙

在新址立的"陈文龙尚书庙易地迁建碑记"

兴龙碑

宋景炎元年（1276），文天祥为组织抗元，由杭州到福州长乐，专程拜访陈文龙，亲笔写了"兴龙"两字相赠，以示倚重。

万寿尚书庙新址在距原址不远的下杭街三通桥后面

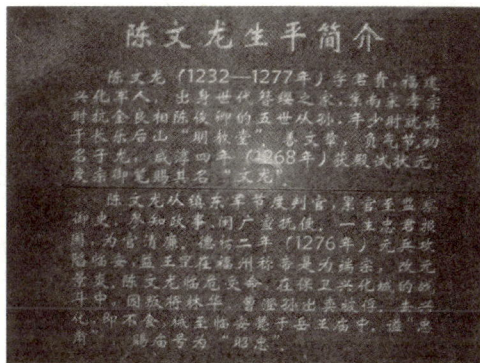

陈文龙纪念馆前的陈文龙塑像

第三节

竹林尚书庙

始建于明正德三年（1508）。清道光初年、光绪二十年重修。原址在福州台江三保，隔闽江与仓山龙潭角道教文化胜迹"望北台"相望。既是阳岐尚书祖庙分炉，又是马祖北竿尚书庙的祖庙，占地1000平方米以上，由大殿、戏台、寝宫等组成。庙楣额雕刻精美，有"八锤大闹朱仙镇"的立塑彩绘，人物栩栩如生。建庙的群众，主要为水上居民。1952年修建闽江防洪堤时，前部被拆除。1998年修建江滨大道时又被全部拆毁。后群众自筹经费在防洪堤外重建。政府因安全问题又将其拆毁，改为陈文龙公园。因公园迟迟未建，群众又自发于2005年集资重建二层庙宇，以纪念陈文龙尚书公。

原竹林尚书庙（1998年全部拆毁）

竹林尚书庙内奉祀的陈文龙神像

拆毁后重建的竹林尚书庙（后又被拆毁）

再度被拆毁后重建中的竹林尚书庙

因陈文龙公园迟迟未建，当地群众出于对陈文龙的景仰，又自发筹资于2005年重建竹林尚书庙。

竹林尚书庙水部尚书公的座船模型

完工后的竹林尚书庙外景

楼上竹林尚书宝殿内景

竹林尚书庙新制水部尚书公座船模型

马祖地方官员在竹林尚书庙进香

　　2005年12月31日，在台湾马祖水部尚书府主委王世财陪同下，马祖县长陈雪生、"议长"陈振清到福州台江竹林尚书庙进香。

坐落在闽江畔四桥旁的竹林尚书庙

台湾马祖北竿水部尚书公府原由竹林尚书庙分炉

台湾马祖乡亲隆重接驾

马祖"巡安"绕境活动之一

马祖"巡安"绕境活动之二

尚书公马祖"巡安"

　　2005年正月十四至十六日，以林景为团长的福州地区尚书公庙管委会文化交流团抬着尚书公的金身到台湾马祖"巡安"，进行文化交流。

竹林尚书庙鳌峰分庙　1995年原竹林尚书庙因建马路被拆毁，附近居民亦拆迁到鳌峰新区（亚峰小区），那些居民基于对陈文龙的景仰，自发地筹资重建了鳌峰分庙，以纪念民族英雄陈文龙。

竹林尚书庙鳌峰分庙正门

分庙立宋陈忠肃公碑

分庙傍光明港畔，新立的"宋陈忠肃公"碑由对尚书文化深有研究的书法家高天明撰文并题写，以宣扬陈文龙生平爱国事迹及民族气节。

分庙内景

竹林尚书庙鳌峰分庙正殿所祀水部尚书陈文龙塑像。塑像前留影人物左为高天明，中为分庙总理卓登榕。

第四节

新亭尚书庙

　　在福州仓山洋治与白鹭岭交界处，隔闽江与三保相望。这里古时为津渡渡口，建亭待渡，故称新亭。清道光年间，由洋治、白鹭岭、坊兜、塔仔里等地村民集资营建尚书庙，由阳岐尚书庙分炉。庙内有大殿、寝宫、戏台等四扇三间排殿堂，面积从小到大，占地约1365平方米。光绪十六年（1890）被大火焚毁，1927年重建。1932

新亭尚书庙外景

年因建公路被切为两半。1996年夏，在洋治路重建，面积不及100平方米，但小巧玲珑、别具一格。

新建新亭尚书庙正殿外景

新亭尚书庙水部尚书座船模型

正殿楹联

　　新亭尚书庙正殿正中一联写道：

　　齐炳西湖三忠赤子胆，

　　并烁文山一代民族魂。

正殿内景

　　正殿内奉祀陈文龙神像。香炉上刻清光绪庚寅年（1890）。

正殿左侧外景

第五节

龙潭尚书庙

清道光初年建，光绪元年（1875）重建。位于福州台江区，左为宫左社，右为宫前社，面朝庙直街，是三个庙宇并列的古建筑群，面积1200平方米。这三个庙宇，中祀陈文龙，左右祀邹奶和挐公，各有大殿、后宫，并共用一个戏台。建筑精美，古色古香，独具特色。"文化大革命"中，庙遭毁灭性破坏。现该古迹在旧城改造中已完全消失，殊为可惜。但当地义洲、帮洲一带水上居民，因敬仰陈文龙，于1986年由旅美侨眷卢星如等捐资重塑了陈文龙造像，并暂放其私人住宅金斗浦，现已在后田同心花园边（对面三保小学、乃裳园）新建小型龙潭尚书庙，供信徒瞻仰。庙门上方悬挂全国政协原副主席屈武题写的"民族英雄"横匾。

龙潭尚书纪念堂

原庙大殿石柱刻有清末翰林张琴所写一副对联：
是岳武穆后身，兴化一军寒虏胆；先文信公就义，西湖千古吊忠魂。

龙潭尚书庙正殿外景

纪念堂一瞥

龙潭尚书庙水部尚书座船模型

纪念堂内重塑的陈文龙塑像

第六节
中墩尚书庙

位于福州仓山中墩。1985年始建，因旧城改造，正在搬迁。

2007年正月十八午夜举行的"化船仪式"
　　两年一度举行的水部尚书宋陈忠肃公文龙"出海"（回莆田家乡省亲）民俗
活动中的"化船"仪式，是为祈求平安。

中墩尚书庙大门

搬迁新址大门

大门内宋忠肃公祠

正殿内奉祀陈文龙塑像

第七节

洋中里尚书庙

位于福州台江鸭姆洲万寿境洋中村，原在尚干乡，1989年始迁于此民宅。

庙前双狮、双马

正门

天井中别具一格的香炉

中祀陈文龙塑像

福州唯一的陈文龙金身塑像

祖殿第一境

第八节

安庆尚书庙

位于福州台江和平市场，由祖庙分炉，规模很小。

安庆尚书庙正门

正殿内祀陈文龙塑像

安庆尚书庙外部景观

安庆尚书庙内部景观

福建省文物保护单位"二忠祠"
（祀陈文龙、陈瓒二位忠烈）

莆田尚书庙
内辟"民族英雄陈文龙纪念馆"，并被列为爱国主义教育基地。

抗元巾帼英雄许夫人陈氏淑祯宫祠
（在今福建晋江市东石镇鳌头村）

兴化尚书祖庙内供奉陈文龙之母
福国太夫人塑像

兴化府尚书庙内供奉兴化府城隍陈瓒神像

林姑妈府内陈文龙长女许夫人陈淑祯塑像

许夫人塑像

陈文龙殉国后，其女陈淑祯继承先烈遗志，捐资招募乡勇义士，与畲族人民联合起来，继续抗元，成为历史上的巾帼英雄。因她嫁给许汉青，被称为许夫人。

福建省陈文龙研究会副会长黄安榕在晋江东石镇许夫人陈淑祯诞辰755周年庆典大会上致辞

抗元巾帼英雄陈氏淑祯许夫人纪念堂

未遭开发损坏前的许夫人墓

2002年，晋江石狮市进行文物普查，在石狮林边界区发现许夫人墓，经考证是清嘉庆年间诰赠为一品夫人的冢墓。现已被批准为文物保护单位。

林边村许氏后裔集资重建的许夫人墓

注："水部尚书文化"中的少部分图片采自福建省历史名人研究会陈文龙分会编的海峡两岸纪念民族英雄陈文龙丛书、《摄影绘画集》（郑其镇主编，香港人民出版社，2006年12月），其余有的是现场拍摄，有的系友人高天明提供。

第三章 郑和史迹在福建

第一节

福州

　　郑和船队驻泊长乐期间，郑和曾到过福州，有以下几处记载可据。

（一）大马礁边石钟上的怪异文字

　　正德《福州府志》卷三《地理志·山川》载：马头江，南台、西峡会此，深广莫测，每风起，波涛汹涌，有巨石如马，潮去则见，潮来则没。永乐间，太监郑和于此凿石立柱，夜设舟夫

大马礁

石钟

置灯其上，舟人往来，得有所示，无骇触之患。

大马礁屹立马江中，形状如马，潮去则现，潮来则没，尾巴指向处叫马尾，马尾地名由此而来。郑和七下西洋时，曾在此建一灯塔，指点过往行舟。落潮时，泛舟过大马礁，可看到礁上一个石钟，上刻"玉虚法堂""大圣观世音菩萨""十方三世一切诸佛""镇天真武福德"等，在石柱上刻"大方广佛华严南无大乘妙法莲华经"，以祈求平安。

福建师范大学历史系教授徐恭生、傅朗曾数次乘小船登礁调查，礁石边确留有数段约属明清时期刻有宗教和民间信仰文字的圆形、方形石柱，并拍摄两张照片。

圆形石柱下径约77厘米，上径约62厘米，高约160厘米。其状似古代铜钟，实是一根上小底大的实心圆石柱的残段，共有7排文字，还有7个怪异文字待考。

傅朗教授为此写了《福州市有关郑和下西洋的重要遗迹考察》一文，认为"福建古代民间信仰的一个特点是多神崇拜，原因是希望得到多重保佑"。笔者认为这不是福建民间信仰，而恰恰是郑和自己由于其伊斯兰教世家出身和完成下西洋使命的需要，在惊涛骇浪的海洋中，为了祈求平安，既信伊斯兰教、又信佛教，既信妈祖、又信道教，是个多种宗教信仰者。若能将这7个怪异文字考证出是伊斯兰文字，便可确信是郑和驻泊福州时亲自所为，否则便是后人所为。值得注意的是，礁石表面尚存二三处石刻，其中向江心的一处刻有"天下太平"4个字，不是为了进出福州城的船只安全，而是为了下西洋的安全。郑和船队驻泊长乐期间，还要进行训练，食、住都在船上，纪律非常严格。宋时，闽江泥沙沉积，出现了中洲，元朝建万寿石桥，郑和帅船长44.4丈、宽18丈、船深12米，已不可能驶进福州南台了。即使说郑和宝船排水量没有17708吨，而按2000料海船1170吨，也很难进入台江码头。当然，这不排除郑和个人到过福州。郑和确实到过福州城，但不是乘坐帅船而是小号船。可以说郑和船队不可能驻泊台江码头，而仍是长乐太平港。

（二）于山九仙观

明正德《福州府志》卷四〇《外志·九仙观》载："在府治东南。初郡人谓九仙、乌石两山，左弱右强。宋崇宁中，建观于九仙山之巅，号'天宁万寿'。绍兴间改为'报恩广孝'，

九仙观一瞥

寻复改'广孝'为'光孝'。政和间，尚书黄裳增建楼阁。元至正初，改为'九仙观'。明永乐间，太监郑和……修建。"说明郑和到过福州，不仅去过九仙观而且出资修建九仙观。

郑和航海图福建段
　　图中南台桥即元朝所建万寿桥。说明闽江泥沙沉积江水已浅，才有此桥。图中"马头"即马头江，今马江。

"天下太平"石刻
　　这是在大马礁（钟石）上拍下的又一张照片，上面刻有"天下太平"四个字。这也是明成祖派郑和下西洋的目的。

郑和到过并出资重建的福州
于山九仙观奉祀道教王天君

（三）福州清真寺

福州清真寺，原五代闽王的太平宫址，元至正年间归伊斯兰教，明初叫真教寺。嘉靖年间毁于大火并重建。坐落在今福州八一七北路（南街西侧），占地面积约2300平方米，内有面阔5间的礼拜堂，堂廊檐下仍树立一通曾经断破又被接补上的石碑，碑文内容如下：

"奉天承运 皇帝诏曰 朕惟能诚心好善者必能敬

天事上劝率善类阴翊皇度故

天赐以福享有无穷之庆尔米里哈只早从马哈麻之教笃志好善导引善类必能敬

天事上益劝忠诚眷兹善行良可嘉尚今特授尔以敕谕护持所在官员军民一应人等毋得慢侮欺凌敢有故违

朕命慢侮欺凌者以罪罪之特谕　永乐五年五月十一日"

永乐五年五月十一日敕谕碑

福州清真寺

福州清真寺位今福州南街西侧，与福州孔子庙隔街相对。

《娄东刘家港天妃宫石刻通番事迹记》及《长乐南山寺天妃之神灵应记》两碑记载：

"永乐三年统领舟师至古里等国……至五年还。"

"永乐五年统领舟师往爪哇、古里、柯枝、暹罗等国……至七年回还。"

永乐五年五月十一日敕谕是嘉尚死于洪武中期一向敬天事上导引善类的郑和的父亲的，认为能阴翊皇度。郑和永乐五年九月回国，不久又奉命第二次下西洋。此敕谕碑当是永乐五年末郑和率船队在长乐时去福州清真寺刻石树立的。这应是郑和到过福州清真寺礼拜的证据。

（四）闽侯雪峰寺

闽侯县西北凤凰山南麓的雪峰寺，是福建省佛教历史上影响最大的禅寺。永乐中期，郑和从南洋带回瓦塔（又称陶塔）两座，建在雪峰寺前，现在瓦塔早已毁坏，只有遗址还在。说明郑和到过闽侯雪峰寺朝拜。

福州清真寺内的礼拜堂

清末民初的雪峰寺尚可看到瓦塔

枯木庵树腹碑

　　系柽木，生千年，枯千年，木刻至今亦逾千年，具有很高的考古与欣赏价值，被海内外学者誉为"树腹碑"。

枯木庵

　　在雪峰寺东南蘸月池旁，是义存祖师初入山栖居之处，为雪峰寺24景之一。

雪峰寺正门

　　原名崇圣禅寺，由义存祖师筹建。

雪峰寺二进天王殿

郑和从南洋带回瓦塔的塔基遗址之一

郑和从南洋带回瓦塔的塔基遗址之二

民国时期的雪峰寺

第二节

长乐

（一）长乐南山寺《天妃之神灵应记》碑

又称郑和碑，是明宣德六年（1431）郑和第七次下西洋前在长乐驻泊期间所立的碑石。1930年在长乐南山出土。碑刻全文1177字，历述下西洋目的、意义，前六次下西洋经过、成果和第七次下西洋任务，以及在长乐修建寺庙、殿堂和刻碑、铸钟的情况。这是考证郑和下西洋最权威的史料碑刻。

《天妃之神灵应记》

皇明混一海宇，超三代而轶汉唐，际天极地，罔不臣妾。其西域之西，迤北之北，固远矣，而程途可计，若海外诸番，实为遐壤，皆捧珍执赞，重译来朝。皇上嘉其忠诚，命和等统率官校旗军数万人，乘巨舶百余艘，赉币往赍之，所以宣德化而柔远人也。自永乐三年奉使西洋，迨今七次，所历番国：由占城国、爪哇国、三佛齐国、暹罗国，直逾南天竺锡兰山国、古里国、柯枝国，抵于西域忽鲁谟斯国、阿丹国、木骨都束国，大小凡三十余国，涉沧溟十万余里。观夫海洋洪涛接天，巨浪如山，视诸夷域，迥隔于烟霞缥缈之间。而我之云帆高张，昼夜星驰，涉彼狂澜，若履通衢者，诚荷朝廷威福之致，尤赖天妃之神护佑之德也。神之灵固尝著于昔时，而盛显于当代。溟渤之间，或遇风涛，即

长乐《天妃之神灵应记》碑亭

有神灯烛于帆樯，灵光一临，则变险为夷，虽在颠连，亦保无虞。及临外邦，番王之不恭者生擒之，蛮寇之侵掠者剿灭之。由是海道清宁、番人仰赖者，皆神之赐也。神之感应未易殚举。昔尝奏请于朝，纪德太常，建宫于南京龙江之上，永传祀典，钦蒙御制祭文以彰灵贶，褒美至矣。然神之灵无往不在。若长乐南山之行宫，余由舟师屡驻于斯，伺风开洋。乃于永乐十年奏建以为官军祈报之所，既严且整。右有南山塔寺，历岁久深，荒凉颓圮，每就修

茸，数载之间，殿堂禅室，弘胜旧规。今年春仍往诸番，蚁舟兹港，复修佛宇神宫，益加华美。而又发心施财，鼎建三清宝殿一所于宫之左，雕妆圣像，粲然一新，钟鼓供仪，靡不具备，佥谓如是，庶足以尽恭事天地神明之心。众愿如斯，咸乐趋事，殿庑宏丽，不日成之，画栋连云，如翚如翼。且有青松翠竹，掩映左右，神安人悦，诚胜境也。斯土斯民，岂不咸臻福利哉！人能竭忠以事君，则事无不立，尽诚以事神，则祷无不应。和等上荷圣君宠命之隆，下致远夷敬信之厚，统舟师之众，掌钱帛之多，夙夜拳拳，惟恐弗逮，敢不竭忠于国事，尽诚于神明乎！师旅之安宁，往回之康济者，乌可不知所自乎？是用著神之德于石，并记诸番往回之岁月，以贻永久焉。

《天妃之神灵应记》碑

碑高162厘米，宽78厘米，厚16厘米，碑座高29厘米。原立于南山天妃行宫里，后宫圮湮没。发现后移置县署。抗战爆发，碑、铜钟运往南平保存。1948年运回长乐但钟未运回。碑先后存放县民众教育馆和长乐师范附小院内，并新建碑亭加以保护。1985年收藏于新建的郑和史迹陈列馆内。1961年被列为福建省级文物保护单位。

一永乐三年统领舟师至古里等国。时海寇陈祖义聚众三佛齐国，劫掠番商，亦来犯我舟师，即有神兵阴助，一鼓而殄灭之，至五年回。

一永乐五年统领舟师往爪哇、古里、柯枝、暹罗等国，番王各以珍宝珍禽异兽贡献。至七年回还。

一永乐七年统领舟师往前各国，道经锡兰山国，其王亚烈苦奈儿负固不恭，谋害舟师，赖神显应知觉，遂

长乐《天妃之神灵应记》碑亭

生擒其王，至九年归献，寻蒙恩宥，俾归本国。

一永乐十一年统领舟师往忽鲁谟斯等国，其苏门答剌国有伪王苏斡剌寇侵本国，其王宰奴里阿比丁遣使赴阙陈诉，就率官兵剿捕。赖神默助，生擒伪王，至十三年归献。是年满剌加国王亲率妻子朝贡。

一永乐十五年统领舟师往西域。其忽鲁谟斯国进狮子、金钱豹、大西马。阿丹国进麒麟，番名祖剌法，并长角马哈兽。木骨都束国进花福鹿并狮子。卜剌哇国进千里骆驼并驼鸡。爪哇、古里国进麋里羔兽。若乃藏山隐海之灵物，沉沙栖陆之伟宝，莫不争先呈献。或遣王男，或遣王叔王弟，齐捧金叶表文朝贡。

一永乐十九年统领舟师，遣忽鲁谟斯等国使臣久侍京师者悉还本国。其各国王益修职贡，视前有加。

一宣德六年仍统舟师往诸番国，开读赏赐，驻泊兹港，等候朔风开洋。思昔数次皆仗神明助佑之功，如是勒记于石。

宣德六年岁次辛亥仲冬吉日，正使太监郑和、王景弘，副使太监李兴、朱良、周满、洪保、杨真、张达、吴忠，都指挥朱真、王衡等立。正一住持杨一初稽首请立石。

注：

① 原石在福建长乐县。

② 篆额作天妃灵应之记。

③ 蟻应作叙。

（二）天妃行宫与天妃行宫大井

天妃行宫，又称南山天妃宫。坐落在长乐三峰塔寺之左，三清宝殿之右。据《天妃之神灵应记》碑记载，永乐十年（1412）郑和第三次下西洋回国之后，为船队官员祈报

和酬谢"海神天妃保佑"舟师下西洋往返平安，奏请朝廷批准而建造的。《长乐县志》载：清乾隆二十六年（1761），知县贺世骏以水神面山不宜为由，将天妃移祀西关外花眉台并建"天后宫"以祀神，原"天妃行宫"改建为"吴航书院"。西关天后宫今保存尚好，但书院毁于抗日战争，仅存基址。1984年10月在"天妃行宫"遗址兴建郑和史迹陈列馆，出土原"天妃行宫"柱础石数尊，其中4尊用于今陈列馆展厅门口柱础，每尊高30厘米、宽43厘米，雕琢精致。

清乾隆《长乐县志》中吴航书院等古建筑插图

右上角为南山塔，后改名三峰塔。左下角吴航书院，是原南山天妃行宫旧址改建的。

天妃宫大井，因位邻天妃行宫而得名。天妃宫大井俗称郑和井。明弘治《长乐县志》载：天妃宫大井在县治西隔四十余步，太监郑和造石栏。井栏由一巨石凿成，形如橘瓣，高约0.65米，厚0.15米，外径1.20米，内径0.9米，外圈勒楷书"义井"。井距南山天妃行宫仅百步之遥，与太监楼近在咫尺。明隆庆三年（1569），知县蒋以忠建亭覆井上。1972年，因井已填塞并起盖民房，井栏移套至附近上巷一口新井上。

天妃宫大井原址在今市区射圃内（高隍巷20号住房前）。

天妃宫大井原井栏

在原南山天妃行宫遗址上改建的郑和史迹陈列馆远景

陈列馆位于今长乐市区郑和公园内三峰塔前，1985年建成，仿明代宫殿式建筑，占地面积约3400平方米，建筑面积约1400平方米，风景幽美。

（三）西关外花眉台新建的"天后宫"

（四）南山塔

　　长乐南山塔，又称三峰塔，原名圣寿宝塔，建于宋政和丁酉年（1117）。位于长乐县南山（又名塔山、登高山、塔坪山）之巅。塔高27.4米，共7层，是当年郑和俯瞰其停泊于太平港庞大船队的瞭望塔，也是郑和下西洋船队出入太平港的航标塔。永乐十一年（1413），郑和驻舟师于长乐，曾助

西关外花眉台天后宫（宫内祀原天妃行宫的天妃神像）

郑和史迹陈列馆大门

　　四尊原天妃行宫柱础石用作今郑和史迹陈列馆展厅门口柱础，每尊高30厘米，宽43厘米，雕琢精致。

南山塔

原南山天妃行宫出土的柱础石

南山塔细部之一，可见人物、走兽形象

郑和史迹陈列馆前的郑和塑像

寺僧重修此塔，塔身八角，金石结构，八面皆有浮雕，人物花卉、飞禽走兽皆形象生动，风格古朴，塔身构造精巧、牢固，历经800多年，仍巍然屹立、雄视古今，堪称古代石塔之最。原为宋徽宗祝寿而建，郑和说他是庸君，被金人所俘，遂题改塔名三峰塔。

（五）三峰塔寺

三峰塔寺，又称南山塔寺，始建于北宋崇宁年间（1102~1106）。郑和泊舟太平港时，曾修葺。清乾隆《长乐县志》载：南山三峰塔寺……明永乐十一年，太监郑和同寺僧重修。工竣，题其额曰"三峰塔寺"。据陈明清《郑和下西洋在长乐的史迹》，民国二十四年（1935），长乐县城全景照片中此寺尚在，今寺毁，仅存基础。

民国《长乐县志》所绘三峰塔寺

（六）三清宝殿

三清宝殿又称三清殿、三清观。位于南山天妃行宫之左。《天妃之神灵应记》碑载，明宣德六年（1431）春，郑和第七次出使西洋在长乐驻泊时，"复修佛宇、神宫，益加华美。而又发心施财，鼎建三清宝殿一所于宫之左，雕妆圣像，灿然一新，钟鼓供仪，靡不具备"。另清乾隆《长乐县志》载明万历兵部右侍郎陈省《三清殿祝圣道场记》：殿始于永乐间，中官郑和航海册封西番诸国，筑天妃宫酬神，以其余材构殿，崇奉老氏。说明三清宝殿是奉祀道教老子的。这个殿后于明崇祯十三年（1640）颓毁。知县夏允彝联同乡绅马思裕重修。清乾隆二年（1737）又毁圮，未再重修。

长乐县文化局保存的民国二十四年（1935）拍摄的长乐县城照片

（七）云门寺

云门寺，《长乐六里志》载，在长乐洋屿乡云门山。永乐十年（1412），郑和第四次出使西洋，统领舟师驻泊江左、光裕沿江时，曾登云门山，重建云门寺。始建于南宋嘉定年间（1208~1224）。寺内有观音堂、坐禅石、弥陀岩，旁有文昌阁及朱子祠。云门山在太平港东岸，距长乐市区5千米的闽江边，离闽江入海口约30千米。如今云门寺已修葺一新。

云门寺现存建筑保留明代风格，大殿为单檐悬山顶，木构，面阔五间，进深二间，前有庭院，左右钟鼓楼均为攒尖顶。

云门寺石牌坊

大殿内景
中为伽蓝大帝神位，左边为郑和塑像。

云门寺正门
云门山又称鹤山，寺居山之巅。

云门寺内郑和木塑像
郑和除修复云门寺外，对寺僧多有施赠，僧感其恩德，初奉长生禄位牌位，后塑像祭祀。

笔者（右）与友人参观考证云门寺

晦翁岩外景

三宝岩《万侯重修三贤祠记》碑

三宝亭

至今遗留的"晦翁岩"三字系清代名臣沈葆桢所书

（八）三宝岩

三宝岩位于今长乐潭头镇二刘村，闽江口附近，风景秀丽。初名"龙峰岩"，今名"晦翁岩"，俗称"二刘岩"。郑和下西洋驻舟太平港期间，多次登临，并修葺朱熹讲学的龙峰书院，乡人将其所建之亭称"三宝亭"，并改岩名为"三宝岩"。《长乐县志》载，明隆庆六年（1572），知县蒋以忠在其《晦翁岩记》中说，余政暇一往登临，乃里人辄唤"三宝岩"，余问故，咸谓斯亭也，始内官三宝者创，故名。乃崇一内侍，其胡以训？亟命易题为"晦翁岩"，且申令于里人，毋或仍故唤。尽管如此，民间仍屡呼"三宝岩"不改。正门上"晦翁岩"三字为沈葆桢所书。

明万历丙辰（1616），大学士叶向高撰《万侯重修三贤祠记》，文中说：晦翁岩，故名龙峰。永乐时，有中贵人郑和奉使海上，人称三宝太监，尝加葺治，因呼三宝岩。邑令蒋君以为不善，改为今名。晚清长乐邑人郑勋《游三宝岩记》中也称："龙峰三宝岩""为宋儒朱晦翁避禁读书处，故亦曰晦翁岩"。这里还以"三宝岩"为正称，而"晦翁岩"则是"亦曰"。

三宝岩郑和石雕像

原在三宝岩高处的"海天山月"亭里，后被移在三宝岩上"别有天"石刻对面的石缝龛中，用青石雕琢，高0.7米。

（九）文石天妃庙

文石天妃庙，又称天妃宫。位于今长乐潭头镇文石村，距五虎门约20海里，临海而建，二进三间，规模宏大。《长乐文石志》载：文石天妃庙乃我皇明钦赐，建于明永乐七年（1409），太监郑和往西域取宝，厥后朝廷遣天使封琉球中山王，俱在此设祭开船。嘉靖四十一年（1562）文石天妃庙重修碑载：旧传自永乐内监下西洋始创。庙宇墙壁为泥拌碎瓦瓷夯筑而成，1956年倒塌，遗留两堵残垣。

2001年9月，当地村民筹资在原址上复建天妃庙，将原址尚存两堵残垣镶嵌在新墙之中。文石天妃庙前的明代码头"登文道"至今仍存。

早在明万历年间，福清及长乐的举子进京应试都由此登船。由于往日闽江口水急浪大，加上江边泥沙淤积，船只无法靠岸，许多举子都要让人背到江中才能登船。后来，举子们便在天妃庙烧香许愿：若高中出任，必献石铺道。随后便有了这条由每块长约3米、宽0.80米、厚近0.70米、重达两吨多的石条铺就的登文道。至今遗留的文石"登文道"碑记下了登文道的由来。明时使臣到琉球册封中山王也是从这里出发。

当年郑和第三次下西洋时曾在此驻泊。

2001年复建的文石天妃庙门，额为"钦赐天妃庙"

整修后门口加上两个石狮的文石天妃庙

文石"登文道"遗址

文石天妃庙遗物仅余两堵残垣

文石"登文道"碑

（十）重见天日的地下宫殿显应宫

显应宫，又称天妃宫、妈祖庙，顾名思义，就是显灵感应的意思。它是一座群神合祀殿堂，前后五座宫殿、两进，占地面积900多平方米，建筑面积约750多平方米。在今长乐市漳港镇仙岐村，距市区18千米，离福州45千米，距长乐国际机场3千米，背山环海，风光旖旎，文物荟萃。

据《柯氏族谱》载，显应宫始建于宋绍兴八年（1138），为仙岐村先民柯延世父子所建，"舍田七十亩为香灯"。后于明代弘治三年（1490）由知县潘府将庙的后殿改为十五都凤岐书院。斗转星移，显应宫在漫长的岁月中多次受到自然和人为的破坏，最后一次重修是在清道光二十一年（1841）。光绪年间，本地区遭受罕见的风灾、海啸，海潮涌上陆地，狂涛吞噬了所有村舍，显应宫被黄沙掩埋，村东头成为一片沙丘，此后渐渐被人遗忘。

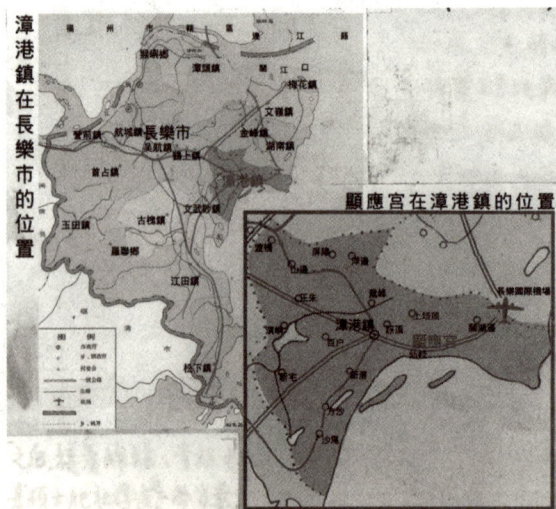

漳港镇在长乐市的位置

顯應宮在漳港鎮的位置

1992年5月，有人在沙丘上突然发现了1个1米多深的洞，洞口只有一个乒乓球大小，但越往下越大甚至可容一个人。几天后又发现3个洞，一个比一个大。很多人都涌去看，有人还钻下去想探个明白。6月21日，国务院批准在长乐市兴建国际机场，选址在该宫附近。22日，54岁的农妇陈营金在小沙丘旁建房挖地基，挖出3块石条组成一个门状，半小时后又挖出一头神马塑像，接着是一尊佛像，陈营金80高龄的公公这下确信无疑地大呼一声："这就是显应宫"！并说当年郑和下西洋时，船过此地，突遇风浪，曾站在船头向岸边的显应宫祈求保佑，并许愿说如果平安顺利下西洋，返回后将铸一尊金炉答谢。郑和的话音刚落，海面上一下子就平静

蝶恋出土大王神像，虽羽化了却依然生动活脱

显应宫挖出巡海大臣郑和塑像（中），其右为番人（翻译）

修复后的地下宫宫墙

最初发掘的现场照片

了，从此郑和下西洋一路顺风。这虽是他祖先的传说，但却解开了百年之谜，"显应宫钻出来了！"老人十分欣喜。这消息轰动四方，引来了许多人涌到沙丘前，场面有些乱，神像遭到损坏。

由于镇、县领导的重视，成立了镇里的显应宫管委会，禁止群众乱挖，开始有组织地挖，半个月后挖出50多尊泥雕神像和许多遗物，有的至今仍是谜，无法解释。从初次发掘的现场照片可以看出，庙里各种东西保存完好，连坍塌半截的土墙、朽得只剩空壳的木柱都在，不易朽烂的瓦片却一直没有发现。如果说是被海啸、大风卷走了，海沙从屋顶泻下，那么50多尊色彩鲜艳亮丽、栩栩如生的神像经百年沙埋水浸，其身上朱红、嫩绿、金色等色彩依然如故、未减几分，为什么？

更让人费解的是，正如中国新闻社记者华岳在一篇名为《显应宫重现神采》的报道中所写那样，伴随显应宫泥塑神像的出土，一夜间无数色泽艳丽、硕大无比的蝴蝶突然出现，附落在神像上、村干部家门上，以及几位村企业家门口，赶它不走，捉它不飞。老人们前所未见、闻所未闻，惊诧不已。谁也不知它们是从何而来，为何而至。连闻讯赶来验证的农学院生物学教授也难说端倪。我们认为是村民的杜撰。但是，村上的几位干部面对记者的连连追问，信誓旦旦地说：确有此事，全村人可作证！望着他们那真诚的目光，再看保存在方玻璃盒里的大蝴蝶，即使你再怀疑，心里也得诚服了。这说明如此不可思议的事，连认真负责的记者经过深入查证，也不得不相信了。

更不可思议的是继蝴蝶出现之后，蚱蜢、青蛙接连蜂集而来，而且硕大肥壮得连这一带岁数最大的老人也前所未见、闻所未闻。谁也不知道它们是从哪里来，为什么而

初挖时出土巡海大臣及附神10尊

重修后的地下宫后殿祀本境家庙主神及临水陈夫人等

来。传说这些忠心耿耿的蝴蝶、蚱蜢四处为显应宫题缘，哪家将有难，它们就飞往哪家，主人许愿捐款，它们就神秘消失，帮哪家消灾消难；哪家是富裕善人，它会飞往哪家，令该家锦上添花。灵佑的事不胫而走，善男信女朝拜者日增，朝觐观光者如潮，人们纷纷自动捐资。

初挖时巡海大臣神龛祀主神及其附神共10尊，其中一尊为"番人"，手臂不慎被挖断。余九尊着装极像明代宦官，有的学者认为是正使太监郑和、王景弘，副使太监朱良、周满、洪保、杨真，左少监张达等人的造型。

8月中旬，由考古专家组成的显应宫考古队进驻现场，对已出土的遗物、遗址等进行勘察、考证、鉴定，断明这里是历经宋、明、清三代数度修建的规制宏伟的集群庙宇所在。于此奉祀的有妈祖、临水夫人、巡海大臣、马将军诸神。这是迄今为止福建省发现

地下宫名家书法楹联

地下宫回廊 "妈祖故事" 汉白玉浮雕

的年代最长，群体最多，艺术价值最高的彩色泥塑群。

　　1993年春起，漳港镇决定重建显应宫，资金全部来源于民众和海外侨胞自愿捐赠，由管委会和理事会负责实施，并由长乐市政府聘请古建筑专家罗哲文及单士元、马瑞田、杜仙洲等文物专家为顾问，指导重建工作。

　　重建工程用地30亩，分地上地下两层，采用中国传统殿庑格式，以保存地下宫原貌。遗址柱础、断垣原迹原样，三进两殿。前殿左龛祀妈祖，有陪侍神4尊；右龛祀巡海大臣，有陪侍神9尊。后殿正龛祀勾陈大帝及其夫人、阮高大王及其夫人，当是本境家庙主神。后殿左右两龛分祀临水陈夫人等，有陪侍神10尊。殿外新造50余米回廊，镶嵌取材于妈祖故事的汉白玉浮雕。前厅左右厢辟陈列室和书画室，保存珍贵文物和名家字画。

　　地下宫文物中特别引人瞩目的是清朝嘉庆皇帝颁赐的匾额。御笔"愿愈应"三个大

重修的地下宫前殿

字依然清晰可辨。此匾现挂在地下宫出土文物陈列室正壁上方展出。御赐匾的出土也给人们留下了难解之谜：如此贫瘠的临海之地，为何有一座如此富丽的大宫？偏处东南之滨的乡野庙宇，又如何得到远居京城九重的嘉庆皇帝的赐匾？

地下宫殿修复后，接着重建显应宫地面部分，占地26亩（18000平方米），建筑面积5600平方米。总体设计采用传统殿庑格式。中轴线上建山门、观音阁、将军殿、天后殿、大王殿等，为保护原貌，原神像、柱础按原状保护，作为地下宫遗物，所有地下神佛都复制一尊放在地面上新建的殿堂内。地面布局整体严谨。画栋雕梁、红瓦飞檐，参衬辉映，富丽堂皇，巍峨壮观。

新建的显应宫建筑群地面部分，依次建有牌坊、山门、观音阁、大型照壁、将军殿、钟鼓楼、天后殿、三层铜塔、大王殿等。庙门联：东宫祈福祉，闽海沐恩波。

观音阁

　　高20余米，面积330平方米，3层重檐、歇山式、阁楼形建筑，内观音坐像高8米。

地下宫壁画

出土的清嘉庆年间木质匾额

右龛祀巡海大臣

显应宫

地下宫出土文物陈列室

从一层地下宫看二层新建的显应宫

天后殿

　　新建的天后殿，殿前配大型石狮一对，雄壮威武；门前有精工雕琢、盘龙欲飞四根大石柱，还有钟楼、鼓楼、铜塔及朱柱彩阁的回廊，蔚为壮观。

显应宫观音阁全景

新塑的妈祖神像栩栩如生

第三节

泉州

泉州灵山圣墓亭
　　亦称三贤、四贤墓。三贤、四贤是阿拉伯人，唐初来中国传播伊斯兰教，后死在中国，埋在这里。

泉州两位阿拉伯先贤三贤、四贤墓　　　　郑和行香碑

泉州祈风刻石
　　海船来往皆需候季风，宋代泉州市舶司每年两次于九日山祭神，祈求赐风并刻石记事。

郑和行香碑文
　　永乐十五年（1417）郑和第五次奉使西洋诸国，行前于五月十六日到此行香，勒石记之。